关继超◎著

CROSS-BORDER E-COMMERCE
跨境电商

| 运营基础 | 策略技巧 | 案例实战 |

以"互联网+经济"新思维，探寻无国界贸易的方向与未来

SPM
南方出版传媒
广东人民出版社
·广州·

图书在版编目（CIP）数据

跨境电商/关继超著. —广州：广东人民出版社，2016.11
ISBN 978-7-218-11284-8

Ⅰ. ①跨… Ⅱ. ①关… Ⅲ. ①电子商务—商业经营—研究
Ⅳ. ①F713.36

中国版本图书馆CIP数据核字（2016）第248566号

Kuajing Dianshang
跨境电商
关继超 著

版权所有 翻印必究

出 版 人：肖风华

责任编辑：温玲玲
封面设计：张建民
责任技编：周 杰 易志华

出版发行：广东人民出版社
地　　址：广州市大沙头四马路10号（邮政编码：510102）
电　　话：（020）83798714（总编室）
传　　真：（020）83780199
网　　址：http：//www.gdpph.com
印　　刷：广州市怡升印刷有限公司
开　　本：787mm×1092mm 1/16
印　　张：17　字　数：230千
版　　次：2016年11月第1版 2016年11月第1次印刷
定　　价：39.80元

如发现印装质量问题，影响阅读，请与出版社（020-83795749）联系调换。
售书热线：（020）83795240

前　言

近几年,我国电子商务依然保持着快速发展态势,其中跨境电商的大规模引爆尤为引人注目。在政策支持以及市场需求的推动下,各式各样的跨境电商企业受到了资本的青睐,不断成功融资,从而将跨境电商行业推向了风口。不过,随后而来的资本寒冬也让很多单纯依靠资本投入而没有核心竞争力的企业走向衰败或转型,跨境电商行业生态进入"洗牌重组"阶段。

这使得从业者以及相关的研究者不得不去思考:在瞬息万变的互联网经济新常态中,跨境电商的方向和未来在哪里?在层出不穷的新型跨境电商模式中,哪种模式又最为契合商业发展趋势,会成为主流形态?对传统外贸企业而言,跨境电商意味着什么,其开展跨境电商又拥有怎样的优势和劣势?

总体而言,跨境电商有两大类:一种是进口电商,主要业务是将海外商品引入国内市场;还有一种是出口电商,主要业务是把我国生产的商品销往其他国家。其中,出口电商占据我国跨境电商的绝大部分。中国电子商务研究中心发布的《2015年中国网络零售市场数据监测报告》显示:2015年,我国跨境电商交易规模为

5.4万亿元，同比增长28.6%；在跨境电商的进出口结构比例中，出口电商占比83.2%，进口电商占比16.8%。

出口跨境电商是我国跨境电商的主体，其能够获得快速发展，主要有四方面的原因：其一，由于人口等方面的红利，我国拥有大量外贸企业，这些企业在长期的运营过程中积累了丰富的外贸经验和客户资源，为我国出口跨境电商的发展奠定了坚实的基础。其二，随着跨境电商行业的发展，一批能够帮助中国卖家拓展海外市场的跨境电商平台迅速崛起，比如全球速卖通、eBay、亚马逊、Wish、Lazada等，这些平台有的门槛较低，有的覆盖范围广，有的具有先进的物流系统，有效地助推了我国的商品出口。其三，海外仓的建立以及智能物流系统的完善，拓展了我国出口跨境电商企业的业务范围，节省了它们在物流环节的支出，并帮助它们提升了客户的购物体验。其四，跨境支付系统的优化，提高了跨境出口电商交易的安全性，解决了跨境电商的一大痛点。

而进口跨境电商与国内消费者的关联十分紧密。消费者对海外高品质商品需求不断增加，传统电商已然无法充分满足快速变化的市场需求，也无法有力应对新商业环境的挑战，在此背景下，跨境电商模式的创新演变集中爆发在进口电商领域，使之成为当前跨境电商最具活力和创造力的地方。

整体来看，进口跨境电商也包括传统型和新型两种模式。前者主要是指天猫国际、京东全球购、唯品会、聚美优品等早已存在并拥有较为成熟的供应链和盈利模式的电商平台。这些进口跨境电商以互联网为新的渠道和平台，将传统营销渠道转移到线上，以庞大的用户流量和多元丰富的产品品类取胜，能够满足不同消费者的多元化、个性化需求。而新型进口跨境电商以洋码头、小红书等为代表，更加符合移动互联时代"小而美"的特质，注重在垂直细分领域深耕市场和用户，常常能够获得一批高忠诚度的粉丝。

跨境电商涉及的市场多元、环节众多、模式复杂，加之相关的政策不断变更，给跨境电商领域的从业者尤其是新手带来了比较大的挑战。例如 2016 年 3 月跨境电商税改新政的发布，就对一批跨境电商企业造成了不小的冲击。

因此，本书不仅对跨境电商行业的现状和趋势进行了分析，解读了最新政策，指出了应对策略，对比了国内跨境电商平台的主流运营模式及玩法，而且详细阐述了跨境电商平台运营涉及的策略、技巧和工具。另外，对"互联网+"时代传统外贸企业的转型、跨境电商物流模式以及跨境电商营销推广，书中也分章进行了介绍。可以说，几乎与跨境电商运营相关的基础知识、策略技巧，本书都有所涉及。希望读者阅读本书之后，能够在跨境电商实战中有的放矢、战无不胜。

第1章 跨境电商崛起:"互联网+外贸"时代的来临

1.1 互联网+外贸:跨境电商颠覆传统外贸格局 /2

    1.1.1 互联网+外贸:重构传统外贸商业格局 /2

    1.1.2 "互联网+外贸"发展现状及商业模式 /5

    1.1.3 "互联网+外贸"行业发展的3大特征 /8

    1.1.4 "互联网+外贸"模式的6大发展趋势 /12

1.2 跨境蓝海:"互联网+外贸"时代的新经济增长点 /15

    1.2.1 驱动因素1:从买方市场看跨境电商崛起 /15

    1.2.2 驱动因素2:从卖方市场看跨境电商崛起 /17

    1.2.3 新蓝海市场:跨境电商面临的机遇与挑战 /20

    1.2.4 跨境电商对传统外贸零售商带来哪些启示 /24

1.3 政策解读:税改新政下,跨境电商企业的应对策略 /27

    1.3.1 跨境电商税改新政:行业规范化落地 /27

1.3.2 格局之变：跨境电商迎来新一轮洗牌 / 29
1.3.3 应对策略1：打造优质的产品服务体验 / 32
1.3.4 应对策略2：避免触及消费者的敏感点 / 33
1.3.5 应对策略3：构建完善的海外仓储模式 / 35

第2章 国内跨境电商平台的主流运营模式及玩法

2.1 模式之争：揭秘国内跨境电商平台的运营模式 / 40
2.1.1 海代模式：海外代购的两种运营玩法 / 40
2.1.2 直发模式：实现与顾客需求无缝对接 / 42
2.1.3 自营模式：跨境模式中的"重运营" / 45
2.1.4 导购模式：跨境模式中的"轻运营" / 48
2.1.5 闪购模式：限时特卖、定期推出商品 / 50
2.1.6 模式点评：跨境电商平台运营模式PK / 53

2.2 出口跨境电商：贸易全球化时代的"走出去"战略 / 54
2.2.1 出口跨境电商的4大主流平台及玩法 / 54
2.2.2 我国出口跨境电商产业链及市场格局 / 59
2.2.3 我国出口跨境电商的发展趋势及发力点 / 63

2.3 跨境电商时代，小微外贸企业如何拓展全球市场 / 65
2.3.1 我国小微外贸企业的发展现状与特点 / 65
2.3.2 困境："互联网+小微外贸"面临的问题 / 67
2.3.3 破局："互联网+小微外贸"的实现路径 / 70
2.3.4 中小企业发展跨境电商的4个关键要素 / 73

第3章 跨境电商多平台运营：策略、技巧、工具、实战

3.1 全球速卖通平台运营基础与实战策略 / 78
- 3.1.1 全球速卖通平台商业模式分析 / 78
- 3.1.2 全球速卖通平台账号注册流程 / 83
- 3.1.3 全球速卖通平台卖家规则介绍 / 88
- 3.1.4 全球速卖通平台店铺选品策略 / 92
- 3.1.5 全球速卖通平台产品发布技巧 / 98
- 3.1.6 全球速卖通平台产品运营实战 / 99
- 3.1.7 全球速卖通平台店铺推广技巧 / 102
- 3.1.8 全球速卖通平台客服工作流程 / 105
- 3.1.9 速卖通平台物流选择与运费计算 / 108

3.2 eBay 平台运营基础与实战策略 / 110
- 3.2.1 eBay 平台发展历程及特点 / 110
- 3.2.2 eBay 平台运营发展趋势 / 112
- 3.2.3 eBay 平台账号注册流程 / 119
- 3.2.4 eBay 平台选品实战策略 / 123
- 3.2.5 eBay 平台店铺运营攻略 / 125

3.3 亚马逊全球开店项目运营与实战策略 / 130
- 3.3.1 亚马逊全球开店项目介绍 / 130
- 3.3.2 亚马逊全球开店业务范围 / 133
- 3.3.3 亚马逊全球开店基本费用 / 136
- 3.3.4 亚马逊全球开店物流选择 / 141
- 3.3.5 亚马逊全球开店产品运营 / 145
- 3.3.6 亚马逊全球开店绩效指标 / 149

第4章 移动跨境电商：Wish、Lazada平台运营实战

4.1 Wish平台介绍、运营基础与实战攻略 / 154
- 4.1.1 Wish：移动跨境电商领域的"黑马" / 154
- 4.1.2 Wish移动跨境电商平台的市场定位 / 156
- 4.1.3 Wish移动跨境电商平台的运营技巧 / 158
- 4.1.4 Wish平台的数据收集与产品曝光率 / 161

4.2 Lazada平台介绍、运营基础与实战攻略 / 164
- 4.2.1 Lazada：东南亚版"亚马逊" / 164
- 4.2.2 Lazada平台的开店注意事项 / 168
- 4.2.3 Lazada平台订单管理与物流选择 / 171

第5章 "互联网+"时代，传统外贸企业的转型之战

5.1 跨境电商：传统外贸企业转型升级的最佳路径 / 178
- 5.1.1 传统外贸企业转型的必然选择 / 178
- 5.1.2 传统外贸企业转型的平台策略 / 181
- 5.1.3 传统外贸企业转型存在的问题 / 183
- 5.1.4 传统外贸企业转型的应对策略 / 186

5.2 传统外贸企业如何有效布局跨境电商 / 189
- 5.2.1 布局跨境电商第一步：市场定位 / 189
- 5.2.2 跨境电商的市场区域与产品类别 / 191
- 5.2.3 传统企业转型跨境电商的4个误区 / 195
- 5.2.4 传统企业转型跨境电商的4个关键 / 197

5.3 实战攻略：传统外贸企业如何玩转跨境电商 / 200
    5.3.1 产品为王：注重产品质量和客户需求 / 200
    5.3.2 重度垂直：产品细分，明确目标市场 / 202
    5.3.3 选择合适的平台，善于社交媒体营销 / 204
    5.3.4 转型落地的关键：跨境电商平台体系 / 206

第6章 跨境物流："一带一路"战略下的物流新模式

6.1 得物流者得天下：跨境电商的核心竞争力 / 212
    6.1.1 跨境物流领域的发展趋势 / 212
    6.1.2 我国跨境电商物流面临的5大痛点 / 214
    6.1.3 赢在供应链：跨境电商的必争之地 / 218
    6.1.4 跨境电商国际物流的5大主流模式 / 220

6.2 我国跨境电商物流模式及优劣比较 / 224
    6.2.1 我国跨境电商物流的3大模式 / 224
    6.2.2 第三方物流模式的优劣势分析 / 226
    6.2.3 海外仓储模式的优劣势分析 / 228
    6.2.4 物流联盟模式的优劣势分析 / 230

6.3 海外仓：突破跨境电商"最后一公里"难题 / 231
    6.3.1 海外仓储：新型跨境物流模式 / 231
    6.3.2 跨境电商企业的海外仓储模式 / 233
    6.3.3 跨境电商卖家如何选择海外仓 / 236

◆ 第7章 精准营销：跨境电商营销推广实战技巧

7.1 社交媒体营销：SNS站外引流，提高店铺转化率 / 240

7.1.1 跨境电商社交媒体营销的主要平台 / 240

7.1.2 跨境电商在Facebook的营销操作实战 / 244

7.1.3 跨境电商在Twitter的营销操作实战 / 249

7.2 品牌营销：跨境电商企业如何构建自主品牌 / 252

7.2.1 品牌对跨境电商企业带来哪些优势 / 252

7.2.2 跨境电商品牌化之路的制约因素 / 254

7.2.3 跨境电商构建自主品牌的4大策略 / 256

第 1 章

跨境电商崛起:"互联网+外贸"时代的来临

1.1 互联网+外贸：跨境电商颠覆传统外贸格局

1.1.1 互联网+外贸：重构传统外贸商业格局

近年来，我国经济总体形势低迷，再加上能源等大宗商品价格大幅下降，给我国外贸行业的发展带来不利影响。根据商务部的统计结果，2015年我国进出口总额为24.58万亿元，同比下降7%。其中，进口总额为10.45万亿元，同比下降13.2%；出口总额为14.14万亿元，同比下降1.8%。

传统领域的出口陷入低谷状态，外贸行业的发展受到很大冲击，我国整体经济发展受到许多因素的限制。同一时期，欧美地区的市场需求量没有显著提高，我国外贸行业整体缺乏前进的动力。全球经济不景气只是影响传统外贸行业的一方面因素，除此之外，商品原料及人力资源成本的提高，也在一定程度上限制了该领域的发展。如今，外贸企业不仅要解决成本方面的问题，还要面临海外市场需求下降、同类企业竞争加剧的挑战，同时，行业本身也有很多地方需要完善。

全球经济增长速度放缓，加上我国传统行业的领先地位日渐消退，导致我国的出口领域面临严峻的挑战，不过，这也推动了相关技术的研发与产业的转型升级。进入2014年后，外贸行业经过一系列改革，呈现出新的面貌，服务贸易的迅速发展使其在整个外贸行业中占据着越来越重要的地位。

近年来，国内传统制造领域逐渐进入全面调整阶段，跨境电子商务能够在促进产业链的升级的同时，给中小企业带来更多的机遇，提高了就业率，从宏观角度来讲，则推动了国际产业链的改革，加速了世界贸易规则体系的完善。

◆ **改变价值链的结构组成**

随着跨境电子商务的不断发展，国际贸易供应链的等级区分逐渐弱化，之前存在于跨境贸易中的部分中间过程在整个商品交易中所占的地位下降，或完全被省略掉，跨境商品在中间环节的成本消耗降低。

这一方面使得产品生产厂家能够获得更大的利润空间；另一方面，商品最终在市场上呈现出来的价格也有所回落，消费者能够以更低的价格水平买到同等的商品。在跨境电商领域采用互联网与外贸相结合的模式，能够提高国内制造业的盈利能力。

◆ **推动中小外贸企业的发展**

在网络技术不断发展的今天，线上支付也逐渐普及开来，同时，物流系统日趋完善，通过电商平台的运营，国内制造业的商品出口流程不断简化，营销渠道更加多元，对外贸易的操作也不再像之前那样复杂。在传统模式下，外贸行业需要聘请在外语、国际贸易、金融等方面的精英人员，而今，跨境电商平台将这些服务融合到一起，加速了国际贸易的运转。

如此一来，降低了对中小企业涉足国际贸易业务经营的资质要求，其跨境贸易的成本需求规模也大幅降低，能够推动这些企业的发展。通过跨境电商平台的应用，中小企业可以获得与巨头企业同等的发展机遇，在具体运营中与行业巨头一较高下。由此可以看出，互联网的应用，使中小企业进军国际经济贸易领域成为可能。

◆ **提高国内制造行业的国际竞争地位**

利用网络平台的优势力量,拓宽传统外贸行业的交易渠道,降低中间环节的成本消耗,加速进出口贸易,有助于企业品牌推广,同时推动国内制造业的品牌建设,扩大品牌覆盖范围,为中小企业的发展提供平台支持。

通过跨境电商平台的应用,能够突显中国品牌的竞争优势。借助平台连接的资源及渠道,国内制造类企业可以采用线上零售与商品批发模式,面向国外市场出售产品,将国内的产品销售至世界各地,不断开拓海外市场。

迄今为止,我国跨境电子商务领域内的各企业之间已经形成良好的协调发展效应,负责产品推广、商品运输、交易环节及相关金融服务的商家相互配合,推动了中国传统制造业的改革与升级,提高了国内外贸领域的技术含量,改变了其传统的业务组成方式,增强了企业对品牌建设的意识。从长远发展角度来看,有利于进行企业规划与布局。

◆ **给外贸服务行业的发展带来动力**

跨境电商平台在国内中小企业与海外市场之间搭建了桥梁,将消费者需求信息直接传达给小规模企业,省去了许多中间环节,优化了企业的商品生产。外贸综合服务企业通过平台化运营,促进了中小企业对外贸易业务的发展,使跨境贸易能够更加顺利地展开。

在市场需求的带动下,外贸综合服务业应运而生,其借助于网络技术优势,为国际贸易提供各方面的服务,使传统国际贸易服务行业加速了自身的调整与变革。

与此同时,外贸综合服务平台建立了完善的服务体系,形成了标准的操作流程,帮助中小企业解决在货物进出口、商品运输、资金筹集、交易支付等过程中遇到的问题,能够有效提高小规模企业的运作效率,提升其跨境贸易的专业化水平,增加企业的营收规模。

1.1.2 "互联网+外贸"发展现状及商业模式

中国电子商务研究中心对国内跨境电商历年来的发展状况进行了统计,如下图所示,国内跨境电商在2013年的交易规模达到3.1万亿元;2014年,其总体规模上升到4万亿元,增长率为30.6%;2015年,我国跨境电商交易规模已达5.4万亿元,同比增长28.6%。

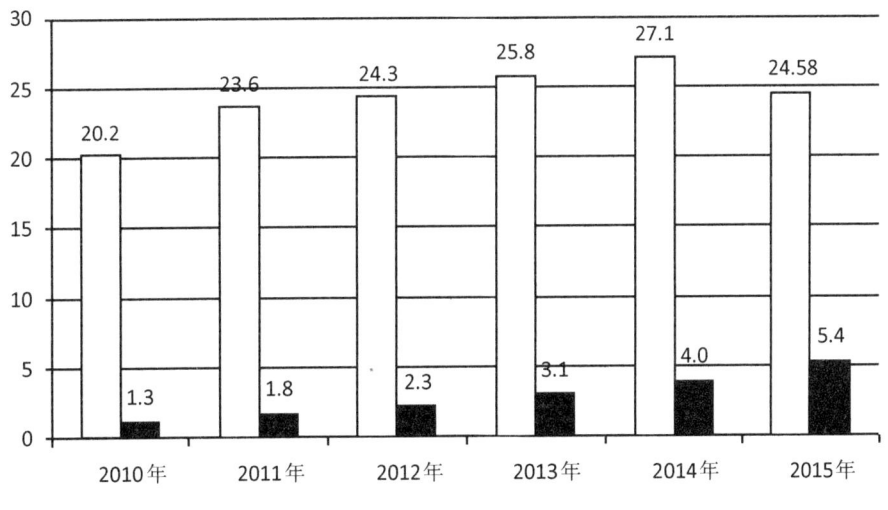

图:2010—2015年中国进出口贸易及跨境电商交易规模①

近年来,政府部门推出一系列支持跨境电商发展的措施,同时,该领域内的参与主体不断努力,产业链的各个环节在发展过程中日趋成熟。由

---

① 数据来源:中国电子商务研究中心

此可推测，跨境电商在之后的两三年，甚至更长的时期内，将仍然以上升趋势为主，到 2017 年，我国跨境电商占进出口贸易额的比例将接近 23.1%。

再来分析一下我国跨境电商的进出口交易构成。统计结果显示，2014 年中国跨境电商中，进口份额的比例为 13.3%，其余的则为出口份额；2015 年，中国跨境电商的进出口结构比例中进口电商占比上升为 16.8%。如今，我国跨境电商进口领域的发展还不成熟，但在今后的发展过程中，国内消费者对跨境商品的订单量会逐渐增加，随之而来的，是跨境电商进口份额在总体中的比重将呈增加趋势。

不过，相关政策的出台能够在一定程度上限制跨境电商进口行业的盲目增长，因此，其发展趋势不会过于迅猛，而是控制在一定范围内。

据国家统计局及艾瑞咨询的调查结果，2015 年采用 B2B 模式运营的跨境电商在总体中的比重为 88.5%，可见该模式的应用最为广泛。其优势主要体现在交易规模大、需求量比较高，因此，B2B 模式在今后的发展过程中将会保持其主导地位。不过，加入跨境贸易领域的中小企业不断增多，市场需求将更加分散，B2C 模式的应用范围也会得到拓展，到 2017 年，采用该模式的跨境电商业务可能占到总体的 10%。

◆ 跨境电商流程及产业链

跨境电商出口过程中，先是由产品生产厂家或制造商组织生产，然后通过跨境电商平台进行产品营销，当消费者找到自己需要的商品，通过第三方支付企业在线上平台进行交易。接下来，商品经由境内物流送至物流商，再办理通关手续及相关事务，通过境外物流将商品寄到用户手中。

除此之外，部分跨境电商企业联手第三方综合服务平台，由其承担货物运输工作，最终实现完整的跨境电商出口。跨境电商进口过程中也包含这些中间环节及各个流程，只是方向恰好相反。

◆ "互联网+外贸"主要商业模式

以不同跨境电商平台在整个跨境商品交易过程中承担的任务及其在该领域内的影响力,还有各自采取的模式为标准来划分,我国跨境电商平台的运营模式有如下三种:传统跨境大宗交易平台模式、综合门户类跨境小额批发零售平台模式、垂直类跨境小额批发零售平台模式。

(1) 传统跨境大宗交易平台模式

这种模式主要为达到一定经营规模的国内进出口贸易企业提供服务,以 B2B 模式展开运营。在平台运营过程中,采用该模式的平台,主要面向与平台达成合作协议的海外商家或国内经营者,使他们可以在线上渠道进行商品推广,并为商家提供各方面的资源支持,促成跨境商品交易。

一般情况下,传统跨境大宗交易平台的营销渠道具有多样化特点,除了举办实体活动,还可通过报纸、杂志,或者利用网络平台进行推广。

★利润来源:向合作企业收取会员费用,以及营销过程中获得的部分营收。

★典型案例:中国制造网、环球资源等。

(2) 综合门户类跨境小额批发零售平台

国内的经营商借助第三方电子商务平台,与其他国家的用户进行互动沟通,完成商品买卖。经营商与用户之间往往存在国别差异,距离较远,采用这种模式不用办理进出境手续及相关海关事务,也无需扣除关税,从本质层面来理解,就是利用网络平台完成小额国际贸易。

★利润来源:收取佣金,此外还包括会员费、广告费等增值服务费。

★典型案例:阿里速卖通、敦煌网以及易唐网。

(3) 垂直类跨境小额批发零售平台

运营方主动与商品供应企业进行合作,作为某种商品的唯一经销商,采用 B2C 模式开展平台运营,满足海外用户的商品需求。

★利润来源:商品销售为主要盈利渠道。

★典型案例:米兰网、兰亭集势以及 DX。

1.1.3 "互联网+外贸"行业发展的3大特征

随着电子商务整体生态的发展成熟,以及"走出去"和"走进来"的双向驱动,我国"互联网+外贸"领域发展迅猛。

一方面,消费者对国外高品质产品的迫切诉求和国内企业对进军全球市场的渴望,推动了跨境电商的快速发展;另一方面,政府在政策、税收、金融等多个方面对跨境电商的扶持力度不断提升,也为我国跨境电商行业的长久发展提供了内生性动力。

总体来看,当前我国"互联网+外贸"模式的发展主要呈现出三个特征:

◆**从交易规模来看,跨境电商交易规模持续扩大,占进出口贸易额比例不断提高**

在全球经济总体疲软、国际贸易增速放缓的背景下,我国越来越多的商家开始寻求新的路径来缩减国际贸易中的流通环节、降低流通成本、更有效地贴近国外消费者,以保持在国际贸易中的竞争优势,开拓市场,提高效益。显然,跨境电子商务模式为他们提供了有效的问题解决方案,也推动了我国进出口贸易的快速增长。到2012年,我国超过美国成为全球进出口贸易规模最大的国家。

其中，跨境电商发展迅速，交易规模不断扩大，在我国整体进出口贸易中的占比也持续提高。根据中国电子商务研究中心发布的《2015年中国网络零售市场数据监测报告》，2015年，我国跨境电商交易规模已达5.4万亿元，同比增长28.6%。同时，国内的跨境电商平台企业也有5000多家，涉足跨境电商贸易的企业更是超过了20万家。

跨境电子商务已成为拉动我国整体进出口贸易持续增长的重要力量，其规模和占比都呈快速增长之势。商务部预测，到2016年，我国跨境电商规模将从2008年的0.8万亿发展到6.5万亿，年均增速接近30%。

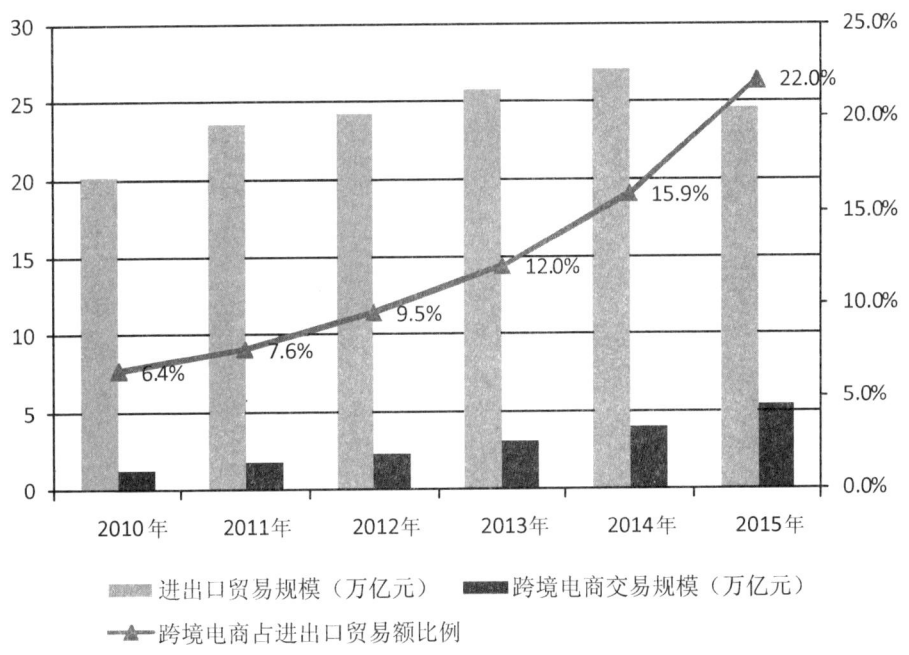

图：2010—2015年中国跨境电商占进出口贸易比例①

---

① 数据来源：中国电子商务研究中心

◆ **从进出口结构来看，出口跨境电商有望延续快速发展态势**

在进出口结构上，跨境电商中的出口部分占据了整体贸易规模中的绝大部分。如 2015 年，中国跨境电商的进出口结构比例中出口电商占比 83.2%，进口电商占比 16.8%。

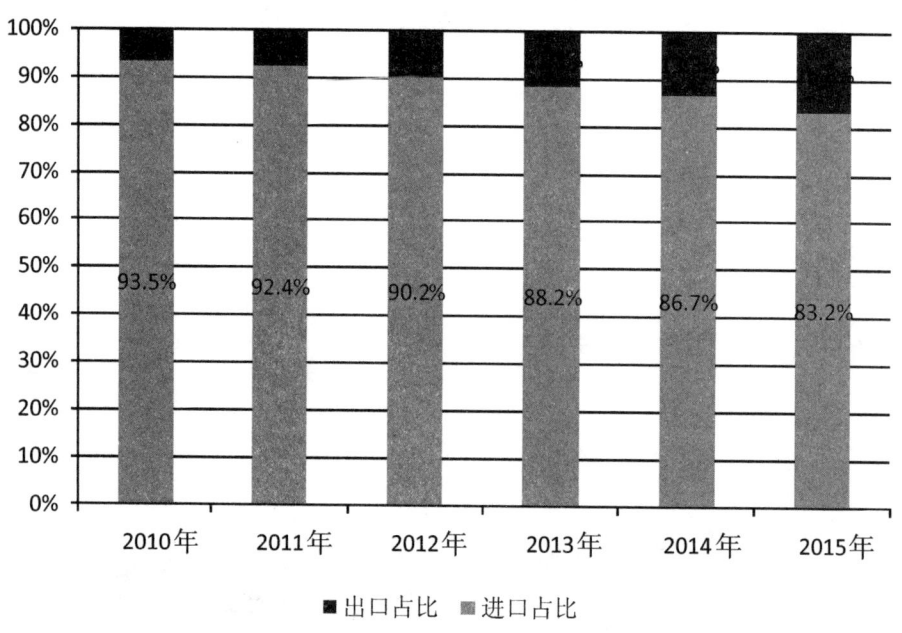

图：2010—2015 年中国跨境电商进出口占比①

不过，随着国内消费者网购习惯的形成以及网购市场的不断拓展，未来进口电商将有着巨大的发展空间。特别是国内消费者对海外高品质商品的青睐，以及以海淘等为代表的便捷高效的境外购物方式的快速兴起，为进口电商的发展提供了更多的想象空间。因此，进口电商在未来一段时期内都将保持较为快速的增长，在跨境电商中的占比也会逐渐提升。

---

① 数据来源：中国电子商务研究中心

出口电商业务一直是我国跨境电商的主体，近些年出口电商中的零售业务规模增长很快，如2013年我国出口电商零售规模达到240亿美元，同比增长了60%。同时，随着国内电子商务整体生态的发展成熟，具有低门槛和广覆盖优势的第三方跨境交易平台发展迅猛。如阿里速卖通已成长为全球最大的跨境交易平台，而eBay、Amazon等跨国电商巨头也利用自身的平台优势，将我国产品推送到全球市场。

另外，随着现代智能物流系统的优化完善以及海外建仓模式的兴起，我国出口电商企业的产品品类和业务范围都得到了极大拓展；同时，跨境支付模式的不断创新升级和线上线下不同支付系统的连接打通，提高了跨境支付的便利性和安全性，也进一步推动了跨境电商的发展。

◆ **以业务模式来看，跨境电商以B2B业务为主，B2C跨境模式逐渐兴起**

从业务结构看，跨境电商包括B2B业务和跨境零售（B2C、C2C）业务。我国跨境电商以B2B业务为主，不过近两年跨境零售电商呈现快速发展之势，占比不断提升。根据《2015年中国网络零售市场数据监测报告》，2015年，中国跨境电商的交易模式跨境电商B2B交易占比达到88.5%，跨境电商B2C交易占比11.5%。

跨境电商B2B模式以阿里巴巴和环球资源为代表，它们更多的是作为一个信息推送和广告发布的平台，收入来源包括会员费和营销推广费用。外贸B2B模式的单笔交易额比较大，一个订单常常需要反复协商才能最终确定下来，且买卖双方也有着相对长期稳定的关系。因此，跨境电商B2B的交易主体多是将线上平台视为一个获取和发布信息的渠道，最终的交易行为一般是在线下完成的。

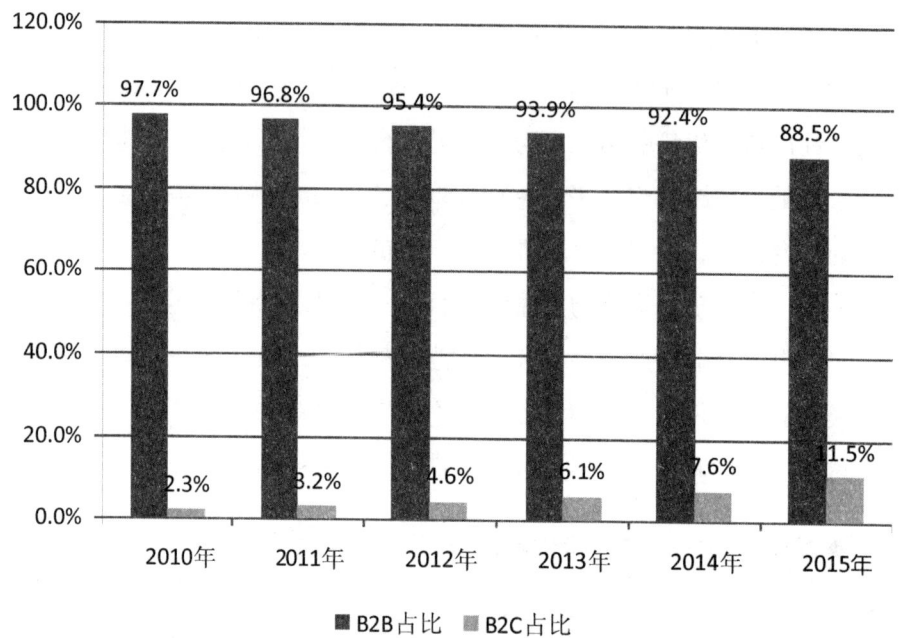

图:2010—2015 年中国跨境电商业务模式构成①

与此不同,零售跨境电商是直面最终客户的,所有的交易流程都是在线上完成,虽然当前在整体跨境电商中的占比很小,但已展现出蓬勃发展之姿。另外,中小企业的跨境电商 B2B 业务增长也较快,2014 年这方面的营收规模达到 234.5 亿元,同比增长 32%。

1.1.4 "互联网+外贸"模式的 6 大发展趋势

在跨境电子商务模式下,不同国别的经营商家与消费者也可自由交易,大大拓展了国际贸易的范围,促进了世界经济贸易体系的调整。

---

① 数据来源:中国电子商务研究中心

如今,我国的传统制造业正在进行行业改革,跨境电子商务的发展,使整体的贸易环境更加自由,加速了国际贸易的运转,简化了贸易流程,为我国传统制造企业进军国际市场提供了更多便利,使外贸产业链的各个环节更加完善,促进了新产品的研发,提高了国内企业品牌的影响力。

在"互联网+外贸"领域,越来越多的中小企业将开展外贸业务的经营,催生众多世界级企业品牌,促进我国整体外贸行业的结构调整与升级。

◆ **跨境电商将在进出口贸易中占据更加重要的地位**

一方面,随着社会经济的发展,人均购买力在不断提高;另一方面,互联网的普及、现代智能物流体系的优化升级,以及线上支付环境和生态系统的不断创新完善,都成为跨境电商发展的推动力量。

因此,跨境电商在可见的未来仍将呈现快速发展态势,在我国进出口贸易中也会扮演越来越重要的角色。艾瑞咨询预测,到2017年我国跨境电商规模将达到8万亿元,复合增速为26%。

◆ **跨境电商进口业务比重将提升**

我国跨境电商贸易中,出口业务占绝对主导,2014年的占比为86.7%,2015年也占有83.2%的比重。不过,一个明显的趋势是,随着国内市场特别是零售市场对海外高品质商品需求的不断增长,跨境电商贸易中的进口规模在持续扩大,跨境电商的进出口业务结构正逐步发生改变。

- 趋势一 • 跨境电商将在进出口贸易中占据更加重要的地位
- 趋势二 • 跨境电商进口业务比重将提升
- 趋势三 • 我国跨境B2C业务将迎来快速发展时期
- 趋势四 • 多批次、小批量的外贸订单需求将不断提升
- 趋势五 • 跨境商品种类不断丰富，营销渠道不断拓展
- 趋势六 • 移动平台的应用加速了跨境电商的发展

图："互联网+外贸"模式的6大发展趋势

◆ **我国跨境 B2C 业务将迎来快速发展时期**

对照分析中国跨境电商 B2C 模式与跨境电商 B2B 模式的利润来源、资金运转情况及企业运营效率，可知在今后的发展过程中，B2C 模式可能会进入迅猛发展阶段，在我国跨境电商总体市场中占据越来越重要的地位，给国内小规模企业带来更多的发展机遇。

◆ **多批次、小批量的外贸订单需求将不断提升**

业务模式上，单笔金额大、以长期稳定订单为主的 B2B 业务在我国跨境电商中一直占据主导地位。不过，受到全球经济整体疲软的影响，国外企业遇到了市场需求乏力、资金匮乏等多方面的发展瓶颈，影响了我国跨境电商 B2B 业务的发展。

另一方面，人均购买力的提高，以及互联网、物流和支付系统的不断

优化完善，为跨境电商 B2C 业务提供了诸多便利。这使多批次、小批量的外贸订单需求不断增多，并逐渐成为推动我国跨境电商发展的重要力量。

◆ **跨境商品种类不断丰富，营销渠道不断拓展**

跨境电商领域吸引了众多企业的加入，经营的商品种类也不断增多，同时，相对应的用户来自于众多不同的领域。在传统模式下，大多数跨境电商企业经营的商品种类主要集中于电子及通讯产品、汽车配件、食品、服装、计算机产品及相关设备、家居产品领域，这些产品的体积大都比较小，适合传统物流运输，如今，更多的大型产品也开始被列入跨境电商的经营范围，比如进口汽车。

◆ **移动平台的应用加速了跨境电商的发展**

随着移动平台在跨境电商领域的应用不断普及，很多企业将实体经营与线上渠道的推广相结合，在拓展其经营渠道的同时，提高了跨境电商的运转效率。

1.2 跨境蓝海："互联网＋外贸"时代的新经济增长点

1.2.1 驱动因素 1：从买方市场看跨境电商崛起

目前，跨境电商正处在市场及政策红利之中，各路玩家纷纷加快布局进程，而在具体的运营模式中，除了导购型、平台型及自营型模式之外，又会出现哪些新的玩法？未来哪种模式将会成为主流？这都需要相关从业者深入思考。

我国的跨境电商行业仍属于一个新兴市场，市场格局尚未形成，创业者、企业巨头及投融资机构等各路玩家都有较大的发展机遇。现阶段，布局跨境电商的市场参与者，主要包括阿里、京东、亚马逊等国内电商巨头，环球易购等上市公司，网易考拉海购、蜜芽宝贝等创业公司。

在平台运营方式维度上，主要包括平台型及自营型。前者需要引入大量商家，主要包括 B2B 及 C2C 两种，其中以天猫国际为代表的 B2C 型是主流模式，C2C 模式的平台主要有洋码头、淘宝全球购等。同时国内市场也出现了两种自营型的跨境电商平台：其一是以蜜芽宝贝为代表的走垂直品类路线的玩家精耕细分市场；其二是以唯品会海外精选为代表的依托具备较强影响力的原有平台做衍生品牌。

平台型	自营型	导购型
☐ 天猫国际、洋码头、淘宝全球购	☐ 蜜芽宝贝、唯品会海外精选、网易考拉海购	☐ 55海淘、北美省钱快报
☐ 平台入驻费+佣金	☐ 商品的买卖差价	☐ 海淘电商返点+广告收入
☐ 品类丰富、货源多	☐ 产品质量有保证	☐ 轻资产、推广快
☐ 产品参差不齐、难监管	☐ 产品有限、资金较重	☐ 容易被替代、规模较小

图：跨境电商模式对比

◆ 价格便宜

在传统的跨境贸易中，产品需要经过卖家、渠道商、经销商及零售商等多个环节最终才能达到买方手中。过多第三方商家的参与，使产品价格大幅度上涨，甚至高达出厂价的2～3倍。以2010年桃红酒特级蜜思嘉为例，其在原产地法国零售价为80元左右，但在中国的零售价高达300元，去掉40多元的税收成本及20多元的物流成本，中间还存在着将近200%的利润。

跨境电商则是直接从海外品牌商或渠道商采购商品后直接对接消费者，去除了大量的中间环节，从而给予商家更大的盈利空间，并让消费者花费更少的成本。通过对比，我们可以发现传统跨境贸易中的大量中间环节正是造成产品价格大幅度增长的主要因素。

◆ **品种丰富**

与传统贸易相比，跨境电商可以为消费者提供的产品品类大幅度增加，能充分满足消费者的个性化需求。尤其是近年来我国的产品质量及食品安全问题愈发严重，一些购买力较强的消费者会更倾向于购买美国、日本、澳大利亚等产品质量监管体系更为完善的海外市场中的产品。

目前，国内海淘用户购买的产品主要为母婴、电子产品、保健品、化妆品、工艺品等。随着移动互联网的快速崛起，人们对国外产品的认知水平有了大幅度增长，这也进一步提升了人们的海淘欲望。

1.2.2 驱动因素2：从卖方市场看跨境电商崛起

◆ **政策扶持**

在多年以前，代购就已经存在，只不过当时的规模较小、专业性较低。如今，中小商家安排专业人员通过境外商场扫货，然后以个人名义运回的方式十分流行，由于在政策方面存在着一定的缺陷，导致目前还无法对这种行为进行有效监管，当然这种渠道购买的商品在品质、售后及税收方面都存在着一定的风险,消费者被欺骗后投诉无门的情况时有发生。

从 2012 年至今,我国监管部门先后出台了多项政策,用以扶持跨境电商产业持续稳定发展。截止到 2016 年 5 月,我国已经开设了包括上海、广州、深圳、杭州、宁波、福州、重庆、天津、郑州等多个跨境电商试点城市,这些试点有效简化了通关流程,并为企业节约了大量税收成本。随着跨境电商产业规模的不断增长,相信试点城市的范围将会进一步扩大。

◆ **商业模式**

国内跨境电商平台的进口渠道主要包括两种:海外仓进口与保税区进口。

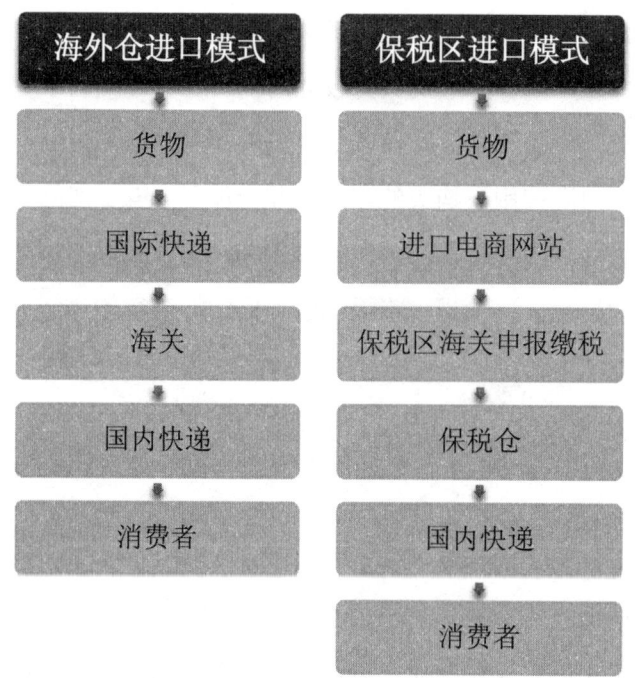

图:海外仓进口模式与保税区进口模式

(1) 海外仓进口模式

这种模式是指电商平台与海关进行合作，国内海淘用户在电商平台下单后，产生的订单、支付凭证及运单等相关的数据会由电商平台实时发送给海关部门，这样可以有效提升交易效率，而且与用户直接自己购买或者找代购的方式相比，产品品质更加可靠，还能享受到平台提供的售后服务。

(2) 保税区进口模式

这种模式是指平台运营方根据后台系统对市场需求的预测，提前将从世界各地采购的商品运往试点城市的保税仓库，当收到用户的订单后，接着从保税仓储发货。我国之前实行的跨境电商税收政策导致了这种模式的兴起，而在2016年4月8日推出的税改新政落地后，这种模式在降低税收成本方面的优势消失殆尽，但由于它是直接在国内的试点城市发货，在物流体验及售后服务方面还处于绝对领先地位。

海外仓直邮进口模式迎合了品类较为丰富的平台类电商的发展，能够充分满足用户的多元化及个性化需求；而保税区进口模式则更有利于自营电商平台，售后服务相对更加完善，有效解决了跨境物流时效较差的行业痛点。

◆ **资本涌入**

2007年以前，我国的海淘产业仍处于探索阶段，入局的玩家相对较少，而且没有形成一定的规模。2007年淘宝全球购的成立，虽然在一定程度上提升了海淘概念的曝光率，但由于整个行业仍缺乏有效监管，绝大多数的投融资机构十分谨慎。

易观智库发布的数据显示，从2008年至今，我国的跨境电商交易额年均复合增长率超过50%。2015年我国的跨境电商交易额为5.4万亿元。

国内跨境电商的持续增长，加上监管部门相关政策的不断出台，各种投融资机构开始疯狂涌入。

◆ **新兴蓝海**

一些海外品牌在国内拥有极强的影响力，在庞大的用户需求驱动下，跨境电商迎来快速发展期，而且境外游持续的同时也伴随着巨大的海外购物消费。由世界旅游理事会（WTTC）发布的数据显示，2015年我国游客境外旅游消费达到了2150亿美元，其中购物所占比重高达50%以上，如今的跨境电商产业远未能满足这一群体的消费需求。

在国内的跨境电商产业中，尚未出现具有明显领先优势的巨头，整个行业尚属蓝海市场，许多创业者及中小商家仍可以从中找到发展机遇。

1.2.3　新蓝海市场：跨境电商面临的机遇与挑战

如今电商领域的从业者已经达成一种共识：跨境电商是该领域内仅剩的一片具有发展潜力、且未得到大规模开发的区域。但是，该领域内包含采用多种模式的经营主体，其总体发展轮廓比较模糊，使得很多参与者不知从何下手。

那么，跨境电商的发展趋势是怎样的？有哪些问题需要解决？在发展过程中会遇到哪些挑战呢？

◆ **进口跨境电商市场前景广阔**

此前艾瑞咨询对9300个网购用户进行了统计，并据此发布了《2013年跨境网购调查报告》，报告中显示，有2300多个用户参与过跨境购物，但经常通过线上平台购买海外产品的用户只有310多个，比重很低。说明此时我国大部分消费者对跨境购物的了解并不多，国内市场还有很大的开发空间。

2013年，进口电商在整个跨境电商中的占比约为11.8%，而到2015年这一比例已经上升至16.8%。跨境电商整体规模的增大以及进口电商在其中比例的上升，都会使得进口电商的市场前景不断扩大。

而且，在今后的发展过程中，人们对跨境购物的了解将进一步提高，届时，跨境进口电商的市场将得到更大范围的开发，该行业的市场比重也会在短时间内持续升高。

◆ **高性价比的跨境商品需求日益增长**

根据艾瑞咨询的调查结果，国内用户对跨境购物的关注点比较集中。结果显示，消费者之所以选择跨境商品，主要有三个原因：质量可靠、价格低廉、网络平台方便易用。也就是说，消费群体注重产品质量，海外产品与国内同类商品的价格对照，还有网站本身的操作简便性。

关于商品种类，消费者群体也有侧重的方面。从目前来看，消费者购买数量比较多的商品有：化妆类产品、服装及饰品、母婴产品以及电子类商品。除此之外，年轻消费者群体占据主导地位。相关统计结果显示，35岁以上的用户只占20%，其余都是年轻消费者。值得关注的是，其中有40%的消费者集中在25到30岁之间，这部分用户的工作时间都不长，当他们的薪资水平逐渐提高，与其相对应的跨境电商的市场份额也将随之提高。

◆ **跨境电商的难点：供应链体系**

具体运营过程中，只有优化跨境供应链，才能避免消费者的利益受到侵害，进而开拓市场空间。如今，对海外供应商的控制及跨境物流的运转问题，是跨境供应链管理中亟待解决的两个问题。

在海外供应商的控制方面,当下面临的最大问题是找不到高质量的商户。品牌的覆盖范围比较小,还没有制定针对海外市场的发展规划。还有一些品牌已经在海外市场拥有自己的代理与营销渠道,跨境电商的运营可能给其传统发展方式带来冲击。因为找不到高质量的商户加入,跨境电商平台无法保证商品供应,导致假冒伪劣商品丛生,不利于电商领域的发展。

在跨境物流运转方面,需要解决以下两点:一方面,商品运输消耗的时间太长;其次,通关处理能力较弱。将物流环节交给第三方企业承担,可能无法实现信息流、物流以及资金流的融合,使物流环节投入过多的时间成本。通关能力主要是指办理各种进出口手续的速度及关税控制,若该环节的处理能力较低,则无法满足消费者对时效的心理预期。

蘑菇街的跨境运营是一个典型代表。公司首席执行官陈琪与其团队于2013年第三季度推出韩国海外代购业务,然而,到2013年12月底,该业务就退出了其经营范围。虽然蘑菇街与一些韩国企业达成合作关系,但该平台难以实现对海外供应商的管理。而且,平台在运营中遭遇跨境物流、通关方面的问题,不能及时处理,只有放弃海外代购频道的运营。

◆跨境电商的相关政策有待进一步完善

在有关跨境电商发展的政策方面,保税进口模式是人们关注的焦点所在。

2014年3月海关总署出台了《海关总署关于跨境贸易电子商务服务试点网购保税进口模式有关问题的通知》,对进口保税模式进行了规范。"进口保税",指的是允许跨境电商经营者批量进货,并将货物送达保税仓库区中,预先存储,无需缴纳税费,之后再根据用户订单从仓储区提货,办理进口通关手续,将商品通过物流送达消费者手中。在整个过程中,除了邮递物品进口税外,无需再扣其他费用,能够大大提高消费者的体验。

到 2014 年 7 月，包括上海、重庆、杭州、宁波、郑州、深圳等在内的 7 个城市在海关总署的批准下，成为跨境商务进口服务试点城市。为了推动跨境电商在这些地区的发展，海关总署推出一系列监管政策。如当月月底出台第 56 号、57 号公告，加强了对跨境电商行业的监管，规范了其操作流程。

但 2016 年 4 月落地的税收新政，对各大跨境电商平台看好的保税进口模式造成了巨大的冲击。虽然保税进口模式仍具有比较明显的优点，但其需要的费用已经有所提高。

对处于发展初级阶段的我国跨境电商来说，相关政策仍有待进一步完善。虽然已经颁布了针对试点地区的政策，但各个城市的实施状况各不相同。而且，迄今为止，只有海关总署针对试点地区出台了相关政策，其他官方机构，比如国家质检部门没有出台正式的政策及规定。其次，小额进口税的征收还没有统一的规定，而这些政策都与消费者利益挂钩。

当然，已经出台的这些试点政策也不是一成不变的，可能在后续发展过程中因具体情况产生变化。虽然亚马逊等落户上海自贸区，但在涉及保税进口模式的运营过程中，企业仍然需要以谨慎为主。在其后续发展中，相关机构将出台一系列政策，但其政策走向现在都还无法预知，电商平台的未来发展可能因为与政策不相符而面临更多的压力，同时还要在日趋激烈的竞争中维持自己的地位。

相关机构尚未出台明确政策的原因主要在于，很多产品的销售渠道不正规，而且这种现象普遍存在。为了改善这个局面，需要在整个领域内树立正确的价值理念，加强行业内部与监管机构的联系，双方共同努力，推动行业的规范化经营。

1.2.4 跨境电商对传统外贸零售商带来哪些启示

2015年6月国务院办公厅《关于促进跨境电子商务健康快速发展的指导意见》出台后,调整跨境电商税收政策的呼声愈发高涨。2016年4月8日,监管部门酝酿已久的跨境电商税改新政终于落地,缴税额不足50元的商品免税政策被取消,跨境电商的"免税时代"自此成为过去。即便是在5月25日海关部门又发布新的文件表示,税改新政延期一年执行,但税率调整仍予以保留。

虽然监管部门在短时间内进行了一系列的政策调整,但不难发现,政府更倾向于引导跨境电商健康持续发展。税率的整体调整,在减少税收差异、有效促进进口外贸市场更加公平的同时,也进一步推动了跨境电商行业实现转型升级。

税率的提升,使得跨境电商税收成本优势弱化,跨境电商平台的商品价格出现了不同程度的上涨,并对平台运营方带来了不利影响。但相对于传统贸易而言,在跨境电商模式中,商品到达消费者手中所费时间明显更短、品质更有保障。本质上,电子商务作为一种新兴业态,与传统零售产业形成了优势互补。当平台运营方逐渐培养起用户消费习惯时,价格不会成为阻碍跨境电商这种更为便捷、高效的购物模式实现跨越式发展的绊脚石。

在几种不同的模式中,B2C平台型跨境电商的各路玩家之间的竞争尤为激烈,产品品类相对集中,取得优势的重点是能否与更多的国际品牌方建立稳定的合作关系。当然,通过寻找那些小众品牌、独立设计师自制品牌也能取得不错的效果。

本质上,C2C模式属于海外买手制,采购团队的规模及对潮流产品的把控能力是平台发展的关键所在,但在2016年4月8日税改新政落地后,税率的调整无疑使这种模式的发展受到了诸多限制。

自营类跨境电商起步相对较晚，运营平台发展规模也相对较小，更为严重的是，其核心产品品类正是那些容易引发价格战的商品。通常情况下，自营模式需要建立起负责在世界各地进行采购的专业团队，这也为其对产品品质及物流时效的控制提供了巨大优势，有力提升了用户的购物体验。

自营类模式在发展初期需要投入大量的资金，这对那些创业者会形成较大的融资压力，而且在后续的发展过程中仍需要不断融资来扩大产品品类，但从投融资机构的投资热度来看，自营类的创业企业也更容易获得投资方的支持。

◆ **传统企业与跨境电商结合**

跨境电商与传统零售企业的目标群体存在着较高的重合度，这也意味着传统零售企业在长期发展过程中积累的用户流量及管理经验可以得到充分发挥。眼下，我国实体经济正面临着巨大的下行压力，传统零售企业正需要通过一场转型升级来实现自我突破，而跨境电商的崛起无疑为其提供了巨大的发展机遇。

传统零售企业借助自身的线下资源，对接线上平台用户需求，从而打造实现线上与线下深度融合的O2O闭环生态。"互联网＋"的巨大风暴下，传统企业触网已经成为了一种必然的选择。而拥有大量线下门店的传统零售企业，可以在布局线上的同时，发挥线下门店在用户体验及售后服务方面的优势，从而沉淀更多的忠实用户。这种基于地域构建的强有力的连接关系，可以让企业对已有的客户进行深度挖掘，从而获取更高的增量价值。

图:云猴全球购

"步步高+云猴网"是该玩法的典型代表。步步高(步步高商业连锁股份有限公司)原本是一家主营超市、百货的传统零售商,其在湖南省、江西省等地拥有大量的线下门店。2014年,步步高开设了线上商城云猴网用以获取海量的线上用户流量,从而依托自身海量的线下门店资源打造O2O闭环生态。

2015年3月,步步高通过成立云猴全球购切入跨境电商领域,在引入商家入驻平台的同时,也与海外品牌方进行合作拓展自营模式。步步高董事长王填亲自担任起了导购员的角色,先后前往尼泊尔、欧洲、澳大利亚、新西兰、日本、美国等多个国家及地区,为消费者寻找最为优质的产品。此外,云猴全球购还采用了保税区发货及海外仓直邮结合的配送模式。云猴全球购上线仅2个多月就取得了日均订单量2.3万单的成绩。

◆ **出口外销型消费企业的转型**

许多国内主营出口贸易的传统零售商在发展过程中,为了满足自身的业务需求,建立了大量用于跨境出口业务的海外物流仓储基础设施。所以，这类商家可以依托渠道资源及运营经验，来打造自营品类的B2C跨境电商平台。

但主营出口贸易的传统零售商通常是以批发为主，产品较为单一，按照不同的订单分批次出货；而B2C跨境电商平台则发货较为分散，产品品类十分丰富，需要根据用户的需求提供实时服务。这就决定了布局该领域的玩家需要改变自己的思维模式与经营方式。从现有的市场发展情况来看，市场中尚未出现进口贸易的传统零售商转型跨境电商的成功案例，采用这种模式的企业缺乏可以借鉴的经验。

跨境电商当前仍处于探索阶段，其未来的发展将会出现两种发展思路：一种是像阿里、京东这种行业巨头，投入大量资源布局整个产业链；另一种是善于创新的初创企业，深耕细分市场，打造专属品牌，凭借口碑传播与用户资源构建强有力的连接能力，沉淀海量忠实用户，从而获取更高的品牌溢价。

1.3 政策解读：税改新政下，跨境电商企业的应对策略

1.3.1 跨境电商税改新政：行业规范化落地

2016年5月，海关总署发布了跨境电商税改新文件——《关于执行跨境电子商务零售进口新的监管要求有关事宜的通知》。该文件指出，跨境电商税改新政将延期一年执行，在以广州、深圳、上海、杭州为代表的10个试点城市中将执行税改新政发布之前的监管方案，但税率将按照4月份发布的税改新文件征收。

该文件的正式落地，使许多由于政策调整而造成产品价格上涨、用户大量流失的跨境电商平台运营方有了喘息之机。但仍有大量的从业者对跨境电商行业未来的发展持负面态度，认为虽然在缓冲期内无需考虑正面清单及产品准入等方面的限制，但在这之后如果没有新的政策出台，跨境电商平台仍不可避免地陷入发展危机，这一年的时间更像是整个跨境电商行业的"死缓期"。

虽然许多从业人员对跨境电商的发展前景不乐观，但通过对政策的解读，我们却得出不同的观点：国家对跨境电商行业仍然保持着积极引导并扶持的态度。

税改新政更多的是为了使该行业更为健康、规范，虽然并未取得良好的预期效果，但也通过及时的调整没有让入局的各路玩家遭受严重损失。一年的过渡期，不仅是让跨境电商平台调整，更是监管部门给自己一段缓冲期来对监管政策进行优化。

之所以会得出以上结论，主要是因为以下三个方面的事实：

（1）各方意见论证

海关总署发布的文件只对税改延期阶段的相关情况进行了说明，并未向外界指出暂缓期之后将会如何调整，社会各界的意见更加倾向于监管部门会根据这一年的调整效果及行业发展情况来进行更有针对性的调整。

通常情况下，政策的调整会与多个指标相关。如商家运营是否规范、行业发展规模、对国内零售行业发展的影响、行业利税规模等。这也意味着未来的跨境电商政策调整仍然存在很大的空间，比如监管策略更为开放、监管政策进一步优化调整等。

（2）政府的相关措施及态度

税改新政于2016年4月8日落地后，监管部门连续两次对正面清单进行了扩充，而且预计第三次调整文件将会很快出台，这也表明了监管部门正在积极对税改新政进行细化调整,从而使其更好地推动跨境电商产业的进一步发展。

（3）跨境电商的规模

据统计,2015年我国保税区的跨境进口商品交易额为167亿元。预计,2017年这一数字将增长至860亿美元。随着跨境电商行业的不断规范,其创造的海量税收及对国民消费的拉动力,必定会促使监管部门更为积极地出台相关政策,来促进其更快更好地发展壮大。

从这三个方面来看,未来的跨境电商发展或许会更为迅速,一年之后的各大跨境电商平台或许会迎来新的机遇。但毋庸置疑的是,在税改新政从4月8日落地到5月24日发布延期执行通知的这40多天里,保税区进口模式所陷入的发展困境及许多资本巨头的退出等,都预示着整个跨境电商行业的新一轮洗牌将要来临。

1.3.2 格局之变：跨境电商迎来新一轮洗牌

2016年4月8日落地的跨境电商税改新政,无疑使跨境电商成为社会各界关注的焦点,监管政策的调整使仍处在培养用户消费习惯阶段的跨境电商平台遭受重大打击。在新政实施的一个星期内,跨境电商平台进口单量大幅度降低,一些平台甚至出现断货情况。5月25日,海关总署以书面形式确认跨境电商正面清单新政推迟一年实施的消息,似乎让陷入困境的跨境电商产业焕发了新的生机。

对于跨境电商政策在短时间内的调整,一些人认为跨境电商将会迎来一段快速发展期,也有人指出这不过是监管部门给予电商平台一年的"缓冲期",一年后跨境电商终究还是要陷入"寒冬"。

以前,跨境电商由税收福利所带来的巨大潜在商业价值,引发了众多创业者及资本巨头的持续涌入。数据表明，目前我国跨境电商平台的数量在5000家以上，2015年跨境保税区总交易额为176亿元。监管政策的调整，在一定程度上表明了行业监管部门对跨境电商行业的发展给予了充分的认可，而那些通过政策补贴及低价等手段发展的跨境电商平台将面临严重的生存危机。

跨境电商税改新政实施后，跨境电商行业将迎来新一轮洗牌，主要表现在以下三个方面：

◆**跨境电商行业门槛进一步提升**

从目前的发展情况来看，商品质量问题、售后服务缺失及物流体验较差是几大关键问题。很多海淘用户表示，自己在收到货物时，经常会发现自己购买的商品与海外同款存在着一定的差异，比如尺寸、外形不一致，产品文字描述部分缺失，生产地不同等。

当然，有些问题可能是海外品牌方为了区分不同市场而故意采取的手段，但在消费者进行维权时，平台运营方、物流公司及品牌方之间的相互推诿现象却普遍存在。

毋庸置疑的是，监管部门进行的一系列政策调整是为了更好地规范跨境电商行业的发展，未来，行业门槛将会明显提高，那些以从海外的零售店扫货等手段来获取低价产品的跨境电商平台将难以生存。

在新政暂缓执行的短短一年时间里，各大跨境电商平台需要尽快完成自身的转型升级，强化供应链管理能力，与海外品牌方进一步合作，取得商品发票、原产地证明等，从而更好地获取消费者信任。当然，那些资金不足、供应链管理落后的跨境电商平台在这段时间也将走向灭亡。

◆**跨境电商平台的产品策略亟须调整**

跨境电商产业的兴起，也进一步提升了国内消费者对海外产品的购买欲望。

虽然国内的消费者对海外产品的认知度普遍不高,但是他们在互联网中可以查询到自己想要了解的所有信息。据统计机构发布的数据显示,国内的海淘群体中年龄在25～35岁之间的用户占比65%,这一群体对海外商品的辨识能力在近两年已经有了大幅度提升,跨境电商平台运营方想要在商品环节做文章的策略已经不再适用。

现行政策规定,消费者通过跨境电商平台购买的商品必须要按照零售价格交税,因此,产品价格提高也就是一种必然的结局。很多跨境电商平台创业者表示,受到政策调整的影响,一些已经准备进行投资的投融资机构最终选择退出,平台的资金压力进一步加剧。这种背景下,许多缺少爆款品牌及用户流量的初创企业将会面临生存危机。

◆ 跨境电商行业格局面临重构

渠道多元化的影响下,跨境电商平台的商业模式将会更为丰富。以天猫国际为代表的平台采用的是吸引海外品牌商及渠道商入驻的M2C模式,网易考拉海购采用的则是直邮采购及保税区自营的B2C模式,洋码头采用的C2C模式及M2C模式等。

虽然天猫国际、网易考拉海购及京东全球购等平台抓紧布局海外仓储中心,将海外直邮物流配送模式作为降低价格上涨所带来的风险的重要手段。但随着国内保税试点城市的不断增加,通过在国内保税区建立仓储中心以提升在物流体验及供应链管理方面优势,也得到了许多跨境电商运营平台的一致认可。

从跨境电商行业的发展趋势来看,产品品类愈加丰富,各平台之间的差异逐渐弱化,由价格战引发的行业重新洗牌也成为一种必然的趋势。

值得业内相关从业者注意的是,除了跨境电商平台外,国内在上海、广州等保税城市也出现了大量的跨境电商体验店。在跨境电商兴起的这几年中，野蛮生长的行业乱象下，一些通过非法手段牟利的商家也实现了快速发展，但监管部门税改政策的调整会让这些商家无所遁形，行业洗牌进程进一步加速，而存活下来的玩家将会迎来新一轮的发展。

1.3.3 应对策略1：打造优质的产品服务体验

  产品的品质及服务体验也是影响海淘用户消费决策的重要因素。对跨境电商平台而言，产品价格的上涨既然已经成为必然的发展趋势，就更应该控制好自己的产品品质及服务体验。保证自己的产品是真品仅是基础，提升产品品质才是俘获消费者心的关键。为此跨境电商平台需要强化自己的供应链管理能力，从全球市场中找到那些质量更高、品牌影响力更强的产品。

  依托自身在电商运营方面积累的丰富经验，天猫国际及京东全球购等巨头对时尚潮流有极强的把控能力，从而可以为消费者提供更高品质的产品，而且海外品牌方也愿意与其建立稳定的合作关系。在用户积累到一定的规模时，这些巨头可以自己打造专属品牌，从而追求更高的增量价值。

  在物流服务体验方面，网易考拉海购于2016年5月25日推出"次日达"物流服务。位于浙江省的杭州、宁波、温州、金华等8个城市33个地区的用户，只要在每天的下午两点之前购买杭州保税仓发货的所有商品，皆可享受该服务，这无疑极大地提升了用户体验。事实上，选品、交易、支付、售后服务等环节上都能够作为跨境电商平台提升用户体验的切入点，以优质的服务获取消费者的信任始终是互联网时代企业竞争的主旋律。

  机遇与挑战向来共存，当许多人因为政策的变动而犹豫退缩时，那些敢于通过创新寻求变革的人反而成为赢家。在我国经济面临着巨大下行压力的背景下，正需要以跨境电商为代表的新兴市场，来推动创新创业，创造更多新的经济增长点。

跨境电商这个新兴市场的政策究竟会怎样调整，政策的延期是不是意味着跨境电商进入死缓期等，都不是电商平台需要关注的重点，监管部门自然会根据市场的发展情况使跨境电商产业更快更稳地向前发展。相关从业者需要关注的是如何转变思维模式，强化自己的供应链管理能力，提升产品品质及用户体验。

1.3.4 应对策略2：避免触及消费者的敏感点

◆通过补贴等形式抑制价格上涨，避免触及消费者的敏感点

缓冲期内，税率调整仍将按照税改新政的调整来征收，凡是消费者通过跨境渠道获得的商品都需要按照零售价交税，运输过程中带来的快递费用自然也在征税之列。这也表明海淘用户购买的商品价格上涨已经成为一种必然的趋势。

因此，在接下来的相当长的一段时间里，跨境电商平台需要通过强化自身对供应链的管理能力，在选品、仓储、物流等各个环节上控制投入成本，尽可能地弥补价格上涨对用户的影响。当然，在供应链管理能力方面，与初创企业相比，天猫国际、京东全球购这种巨头会拥有更大的优势。

新政实施后，母婴、保健品、化妆品等税收成本上涨，导致了相关产品价格大幅度增长，而从目前整个国内跨境电商平台的发展来看，支撑许多平台发展的正是这些品类中的价格较低的爆款品牌。市场研究机构发布的数据显示，自新政落地以来，国内的跨境电商平台都存在着不同幅度的价格上涨情况。

1号海购中部分化妆品价格大幅度增长，京东全球购中婴幼儿奶粉价格增长了将近44%，而成人奶粉的这一数字则达到了60%。怎样才能有效控制价格，减小消费者因为价格变动而对跨境电商所持有的负面情绪，是各大跨境电商平台亟须解决的重点问题。

为了打破当前困境，天猫国际通过自身及海外品牌方进行补贴的方式，来缓解价格增长给消费者带来的压力；而京东全球购则是自身及品牌方仅给予部分补贴，消费者还要为剩余部分买单；网易考拉海购则以大规模的采购来降低物流及管理成本，在保持价格平稳方面起到了不错的效果。

但是从整体上来看，海购商品价格上涨已经是一种必然的趋势，而且价格对消费决策存在着重大影响，这无疑对广大电商平台的运营能力提出了巨大挑战。

◆ **积极完善供应链，提前结束野蛮式的行业拓荒**

税改新政暂缓执行的政策调整只是一个阶段性举措，能够提升资源的整合力度，可能成为跨境电商产业发展的关键所在。事实上，在税改新政尚未落地以前，就有相关从业者表示，监管部门应该给予跨境电商平台更多的缓冲时间，让它们通过自身的调整来完成转型升级，避免由于调整不及时而导致相关从业者及投资方遭受重大损失，从而使刚处于起步阶段的跨境电商行业陷入发展困境。

令人颇感意外的是，处于激烈竞争关系的各大跨境电商平台们在与政府部门的沟通过程中，表现出了前所未有的团结。但新政落地已成定局，跨境电商行业的野蛮增长时代注定要成为过去，各大平台唯有完善自身的供应链，才能在激烈变革的市场环境中站稳脚跟。

在海外建立仓储中心是各大电商运营平台的必然选择，但这也会导致商品成本的大幅度增长，甚至出现税收外流的情况，这绝非监管部门想要的结局。而税改新政的延期也向跨境电商平台传递了一个十分明显的信息：跨境电商平台之间的竞争始终是电商模式之争，供应链控制能力及资本实力将是跨境电商平台得以实现跨越式发展的核心因素。

对于整个跨境电商行业而言，初创企业与跨界而来的巨头之间并未形成太大的差异，这几年推动跨境电商产业发展的主要是价格优势及政策红利，而新政的落地则使跨境电商行业迎来剧烈的变革。

阿里、京东、1号店等拥有强大资本的电商巨头在海外建立大量物流仓储中心的同时，也在国内以天津、广州、大连为代表的15个保税仓库区积极布局，意欲在加强供应链管理能力的同时，通过爆款品牌留住更多的消费者。

对于创业企业而言，却不得不遭受政策风险及资金链断裂的巨大压力，部分企业被迫减少产品品类，也有一部分企业继续烧钱。但监管部门进行的这一系列政策调整已经宣告跨境电商的行业格局将会迎来重大转变。

1.3.5 应对策略3：构建完善的海外仓储模式

无论如何，跨境电商新政的落地已经成为事实，延迟一年的调整可能更多的是为了给监管部门对政策的进一步细化留下足够的空间，同时也给那些通过烧钱补贴抢占市场份额的跨境电商玩家们敲响了警钟。

事实上，从各大跨境电商平台在新政推出后进行的一系列调整中，可以让我们对一年后的跨境电商行业状态有一个大致的了解。

通常情况下，国内的跨境电商平台主要采用两种物流形式：一种是保税仓备货模式，典型的代表是天猫国际、京东全球购、网易考拉海购等；另一种是跨境直邮模式，主要包括洋码头、hai360海外购等。为了有效控制保税备货模式所造成的成本压力，在新政于4月份落地以来，各大跨境电商平台开始建立大量海外仓储中心，跨境直邮比重大幅度增加。

网易考拉海购不但在美国及香港拥有大型物流仓储中心，并且在新政实施后，在欧洲、日本、韩国、澳洲等地又建立了多个物流仓储中心。而京东全球购不但在日本、韩国、美国、欧洲、澳洲及加拿大等都拥有国际物流仓储中心，而且其未来将会进一步提升平台品牌直供份额，投入更多的资源用于布局海外仓。

从目前的实际发展情况来看，跨境直邮订单量并未受到太大的影响，但这并不意味着监管部门不会通过政策调整来对其进行限制，除了物流环节以外，支付、退款、退税等方面都可能因为政策调整而引发各种问题。此外，国内跨境电商各路玩家们大规模在海外建仓，也直接导致了海外仓储成本的大幅度提升。至于这种方式能否让商家们减轻价格增长所带来的成本压力，目前还无法给出明确的答案。

政策调整后，保税进口模式会承担更大的价格上涨压力，用户流失情况更为严重。天猫国际、京东全球购等多家跨境电商平台都开始加快在海外建立仓储中心的步伐，而这短时间内的集体动作直接导致了仓储租金价格迅速上涨。

但从税改新政的内容上看，监管部门十分明确地指出跨境直邮与保税区运作的两种模式实行统一的监管政策，海外仓与保税仓的商品在准入规则方面没有明显的差异。但海外仓在物流时效方面明显处于劣势，一些通过保税区发货、可以在1~2天就能送到用户手中的商品，用海外仓发货却要花费1~2周的时间，这显然不是普通消费者可以接受的。

事实上，海外仓在跨境电商平台的战略中早就存在，比如，网易考拉海购在2015年就在洛杉矶建立了仓储中心。从电商平台本身的发展策略上来看，随着其业务规模的不断扩大而建立海外仓储中心，能够更好地强化供应链管理能力，但是如果因为税改新政的刺激而盲目在海外建仓，不但会引发成本的增长，还会造成税收大量外流，届时，监管部门很可能会出台相关政策予以限制。

第 2 章

国内跨境电商平台的主流运营模式及玩法

2.1 模式之争：揭秘国内跨境电商平台的运营模式

在模式盘点之前，我们有必要先谈一下传统意义上的海淘模式和现有的进口电商模式的区别。

所谓的"海淘模式"，是指我国的消费者利用其他国家的B2C电商平台选择商品并下单，平台运营方通过国际快递或经过转运公司，将商品送达消费者手中。

目前，直邮方式与转运物流是国内消费者接收商品的两种主导方案。转运物流，是指卖家先将商品发送至转运公司在国外建立的转运仓库，接下来由转运公司或者其他物流公司，将商品运送到国内。

海淘模式只是进口电商采取的方式之一，除此之外，以业务形态为标准，可将跨境电商的运营模式划分为五种不同的类型。其中，有些电商平台可能同时采取几种不同的方式，但通常情况下会有一种主导运营模式。所以，根据零售类进口电商平台目前的主要形态，可以将其进行划分。而且，无论是哪一种模式，都有很多平台在采用，在这里就不一一列举了，只是筛选出比较典型的几个案例来分析。

2.1.1 海代模式：海外代购的两种运营玩法

海外代购模式也属于跨国网购的理论范畴，概括而言，海外代购指的是，位于国外的商家或个人根据国内消费者的需求，在当地购买特定产品，然后以跨境物流的方式将产品寄送给消费者。

根据业务形态的不同，海外代购模式主要有两种：

◆海外代购平台

采用这种模式的平台，将大部分精力集中在与第三方卖家合作关系的达成上,对其他环节,例如商品选取、营销与运输的关注比较少。进驻海外代购平台的卖家,可能是个人,也可能是拥有实体店的商家,他们的共性在于,擅长国际贸易或海外采购。这些经营者会按照国内消费者的需求,或者按期从海外市场购买产品,对应订单需求,将商品发送到国内。

海外代购平台采用的是 C2C 模式,通过该平台销售产品的商家,需要向平台缴纳一定的费用,这也是平台的主要营收来源。

★优点:使国内消费者群体在购买海外商品时,拥有更加多样化的选择,能够积累很多用户。

★不足:很多进驻代购平台的商家在资质方面得不到消费者的认可,交易过程中经常出现信用方面的违规现象;平台在跨境供应链方面没有进行深入拓展,可能使其在竞争中处于劣势地位。

★典型代表:易趣全球集市、淘宝全球购、美国购物网、京东海外购等。

图:京东海外购

无论是淘宝全球购还是京东海外购,都积累了大量的用户基础,但这两个平台在后续服务及交易信用问题上都没有进行妥善处理。很多用户在接到商品后,发现有质量问题,但却找不到合适的维权途径,从而对平台运营产生不满。虽然代购平台还有很大的发展空间,但这些问题如果一直得不到解决,就会给其后续扩张带来不利影响。

◆朋友圈海外代购

随着移动社交平台的持续发展与普及应用,通过微信好友等途径进行海外商品采购的模式逐渐兴起。尽管在社交关系的基础上,产品的质量有了一定的信誉保障,交易的风险性也有所降低,但仍然有很多信用问题频发。

如今,进出口政策的门槛不断提高,相关部门的监管力度也逐渐加强,进一步限制了朋友圈代购模式的发展。随着海外代购市场向系统化、规范化方向的发展,这种模式可能逐渐退出大众视野。

2.1.2 直发模式:实现与顾客需求无缝对接

直发平台模式也被称为"Dropshipping 模式",采用该运营模式的电商平台,把消费者的需求信息传达给生产厂家或批发经营者,再由他们负责将对应的商品运送到消费者手中。

因为商品供应由生产厂家、批发商或品牌商来完成,所以,直发平台实施的是 B2C 模式。从某种程度上来说,这是一种第三方 B2C 模式。商品销售价格高出批发价格的部分,由平台获得。

★ 优点：在产品的跨境供应方面有着深入拓展，该领域拥有广阔的发展空间。采用这种运营模式的平台，与海外供应商达成稳定的合作关系，为产品供应提供保障。另外，电商平台会通过独立建立并运营跨境物流体系，或联手海外国家的第三方国际物流公司，来保证产品的运输。前者以洋码头为代表，后者以天猫国际为代表。

★ 不足：发展早期入驻的商家比较少，缺乏足够的用户基础；探索阶段的资金消耗规模大；有些国内企业冒充海外品牌，利用对平台模式的掌握，通过不正当方式进驻平台。

★ 典型代表：上海自贸区跨境通、一帆海购网、天猫国际平台、海豚村、洋码头等。

图：天猫国际

如今，天猫国际已经在全球各地进行了市场开发，并在长期发展过程中，与多个国家的官方机构形成良好的互动关系，如法国、意大利，以及澳大利亚等。这些国家的官方部门鼓励当地企业与天猫国际平台的合作，使平台拥有更多的供应商。此外，2014年，天猫国际平台所属的阿里，以2.49亿美元的价格与新加坡邮政达成交易，买下其10%以上的股权，为该平台的物流提供了保障。

同时，阿里积极联手国家级物流公司，到目前为止，包括巴西邮政、中国邮政以及澳洲邮政等都与阿里建立了良好的互动关系。如今，天猫国际电商平台已经与多个电商试点城市签约，在未来发展中，可能更多地采用保税进口模式。

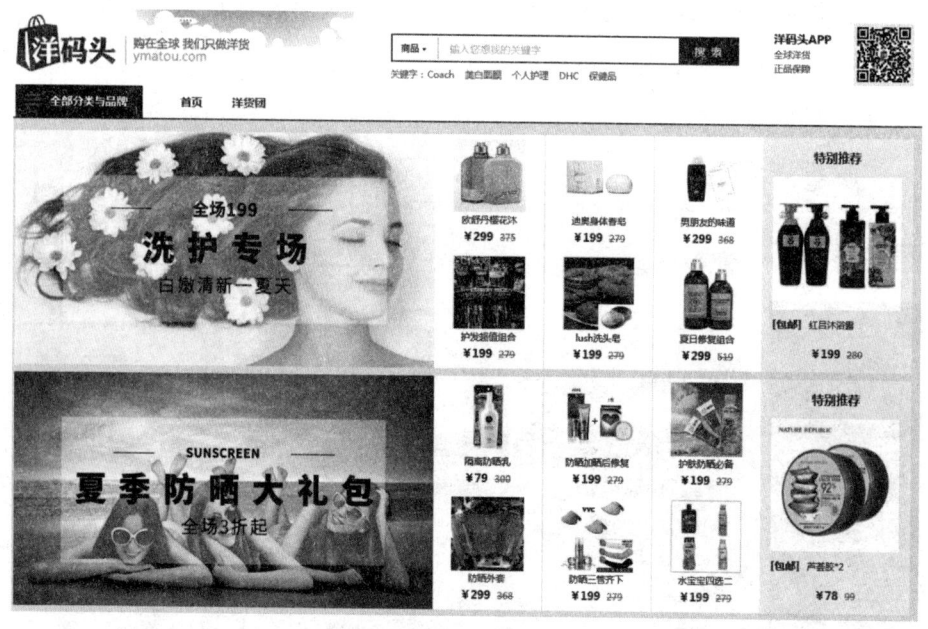

图：洋码头

建立于2009年的洋码头是采用直发直运模式的代表之一。统计结果显示，洋码头于2013年创下2亿元的营收规模。到2015年，有上千家海外供应商与洋码头达成合作关系。为了保证商品运输，该企业在很多海外地区建立了国际物流中转站点，不仅如此，还联手国际航空公司，通过空运方式实现跨境商品运输。

另外，洋码头逐渐拓展海外代购业务的范围，以此来丰富产品种类，吸引更多的消费者。2014年第三季度开始，该平台不再向进驻商家收取入驻费用。洋码头推出的海外购物应用"扫货神器"则进一步增加了该平台的用户规模。洋码头平台还在2014年7月联手1号店，为消费者提供海外直邮的团购服务，即"全球团"项目。

从宏观角度来分析，直发模式是洋码头的基本运营方式，与此同时，该平台通过海外代购方式增加用户规模。相关政策放开后，洋码头会将保税进口模式作为自己的重点战略之一，其在业务方面的规划也会更为合理。

跨境通采用的也是直发平台模式，由上海东方支付有限公司在自贸区投资建设，并进行运营。根据跨境通的规划，他们将为上海自贸区内采用保税进口模式的商家提供平台服务。如今，进驻该平台的商家并不多，产品种类也比较少。

除此之外，有几个跨境电商试点城市陆续展开独立跨境购物平台的运营，这类平台是在政策支持下诞生的，目前，还无法准确推测这种平台的发展趋势。

2.1.3 自营模式：跨境模式中的"重运营"

采用这种运营模式的电商平台，在运营过程中要负责商品的提前存储，所以，重模式是其突出特点。具体而言，该模式下既有综合型平台，也有垂直平台。

◆**综合型自营跨境B2C平台**

迄今为止，在跨境电商领域内，采用B2C模式的综合型自营平台并不多，除了亚马逊与1号店外，其他平台恐怕都不能归在这个类别中。

2014年8月，亚马逊宣布要在上海自贸区设立国际贸易总部，全面开展跨境电子商务。同月，1号店也宣布要在该地区运营跨境电商。保税进口与国际快递将是其主导物流形态。

★优点：能够控制海外供应商，加强对跨境供应链的监管力度；在物流环节保证货物运输；一般不会出现资金短缺的情况。

★不足：相关政策将给平台运营带来巨大挑战，固定资产投资可能面临严重的危机。

★典型代表：亚马逊、1号店上线的"1号海购"。

图：1号海购

虽然保税进口模式被很多业内人士看好，但1号店与亚马逊并没有立即采用该运营模式。它们对此采取谨慎态度的原因可归结为以下两方面：一方面，采用保税进口模式的商家需要在货物存储环节进行大规模投资，不仅如此，还要准确把握市场需求，擅长货源组织。另一方面，当自营跨境B2C商家大范围开展保税进口经营后，若相关政策调整方向，可能会让企业措手不及。

因为亚马逊与 1 号店的规模都比较大,在灵活性方面受限较大,因而,两者在保税进口业务方面进行深度拓展都具有一定难度。从亚马逊发展的角度来说,还要在经营过程中关注中国用户的消费特点及行为习惯。eBay 就是因为脱离了中国消费者的习惯,最终没有打开中国市场。

◆ 垂直型自营跨境 B2C 平台

所谓垂直型自营跨境 B2C 平台,指的是平台的经营侧重于某一个领域,比如母婴产品、服装、美妆产品、食品等。

★优点:能够加强对供应商的管理与控制。

★不足:发展早期需大规模的资本投入。

★典型代表:以母婴产品经营为主的蜜芽宝贝,以化妆品经营为主导的草莓网与莎莎网,以食品经营为主导的中粮我买网等。

图:蜜芽宝贝

中粮我买网以食品经营为主导,具有明确的企业定位。为了保证产品供应与物流运输,该平台与多家海外供应商达成合作关系,并着重发展冷链物流。中粮我买网于2014年8月进行第二轮融资,IDG风险投资与赛富基金向该平台投资1亿美元。大多数进口电商在海外供应商管理及物流环节都可能面临问题,为了提高自身运转效率,中粮我买网集中精力解决这两个问题,并获得了资金方面的支持。

2014年,有消费者认为,从蜜芽宝贝购买的花王纸尿裤与Maclaren Quest儿童手推车不是正品,使平台信誉受到影响。为了解决这个问题,从2014年第三季开始,蜜芽宝贝将来自于日本的纸尿裤运往宁波的跨境电商保税仓,再采用保税进口模式将商品寄给用户。为了提高自身发展的持续性,蜜芽宝贝以此为鉴,加强了对供应商的监管,保证了产品质量。

自营B2C平台除了要保证产品供应、加强对供应商的管理外,还要注重物流环节的建设,对经营主体的门槛要求较高,所以,真正属于垂直型自营跨境B2C平台的商家只是少数。草莓网、莎莎网等商家在经营线上业务的同时,也有其他盈利渠道,不是单纯的自营B2C平台。近年来,很多海外零售商也面向中国市场,开展针对国内消费者的B2C电商运营,但与我国消费者的习惯还有很大出入。

2.1.4 导购模式:跨境模式中的"轻运营"

导购平台模式最突出的一个特点就是轻运营。具体而言,采用该模式的平台会关注两个方面:平台引流与商品交易。

在引流方面,为了积累更多的用户,平台会以咨询推广、价格对照、用户返利、海外购物交流论坛等方式获取关注;在商品交易方面,用户点击平台界面的连接,就可与海外B2C电商或专业代购人员传达自己的需求信息,购买海外商品。很多平台会结合海外C2C代购,为消费者提供更多的商品选择,保证商品供应。

所以，立足于交易层面分析，导购或返利平台模式类似于将海淘 B2C 模式与代购 C2C 模式结合在一起。在运营过程中，采用该模式的平台将海外 B2C 电商的产品营销信息链接到平台界面中，交易达成后，平台从 B2C 电商那里获得一定比例的报酬（一般在 5 到 10 个百分点）。然后，平台将所得利润中的一部分返给消费者。

★ 优点：模式轻，以汇集信息资源为主导，运营难度较小。平台引流能够迅速积累用户基础，据此分析与把握市场需求。

★ 不足：立足于长远发展角度来分析，在拓展业务的过程中会面临很多复杂情况，同时要注重其他方面的资源整合。对供应链的管理能力较低；对经营主体的要求比较宽松，竞争激烈，如果在短时间内实现不了用户基础的积累，很可能被市场淘汰。

★ 典型代表：55 海淘网、海淘居、隶属于阿里的一淘网、美国便宜货、Extrabux、极客海淘网等。

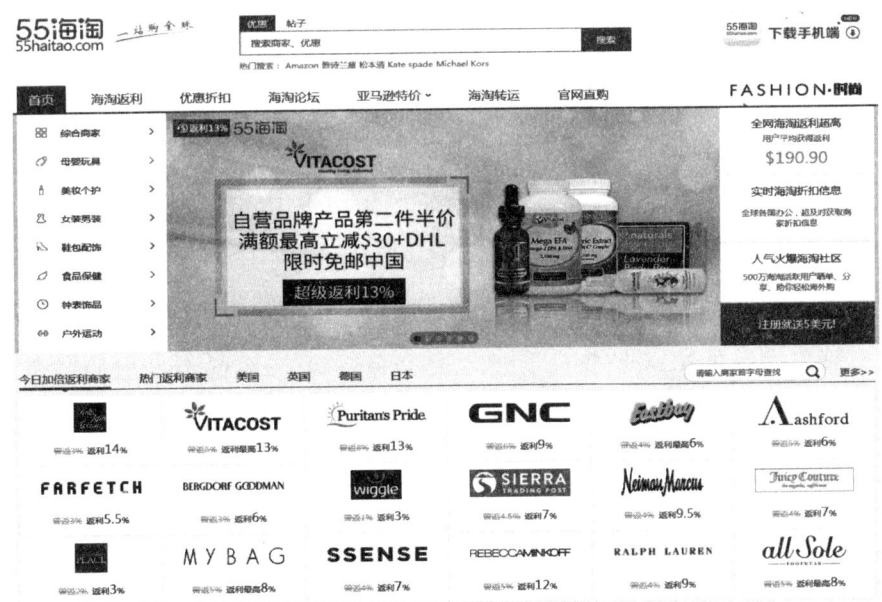

图：55 海淘

2011 年，55 海淘建立，该平台融合了导购、海淘论坛以及消费者返利，为国内消费者提供有关海外购物的咨询服务。到 2015 年，该网站的用户规模接近 20 万。

一淘网也于 2014 年第三季度推出海淘代购服务专项。用户选择好商品后，既可以自己海淘，也可使用代购服务，将这个任务交给一淘网，然后，海外 B2C 经营者会将产品寄送至消费者手中。

从宏观角度来说，大多数采用这种模式的平台都能够维持自身的运营，但其日活跃用户数量要突破 100 万还是有很大的难度，为了达到这个效果，需要与其他平台合作或采取并购方式。

2.1.5 闪购模式：限时特卖、定期推出商品

与以上几大模式相比，闪购模式具有其独特性。比如：销售商品主要为国际知名品牌的商品；销售方式是限时特卖；商品售价一般为原价的 1～5 折；销售时间一般为 5～10 天，产品售完即结束；用户付款具有时间限制，一般为 20 分钟，超时则无法完成交易。这种模式起源于法国，在国内也被称为限时抢购模式。

与其他跨境电商运营模式相比，海外商品闪购模式在很多地方存在区别。因为跨境闪购在产品供应方面比国内的变动性因素更多，所以长期以来，大多数采用闪购模式的经营者都未展开大范围的应用。

聚美优品在 2014 年 9 月上线"聚美海外购"，唯品会推出的"全球特卖"频道（后改名为"唯品国际"）也正式投入运营。这两大平台均比较擅长海外供应商的管理，产品质量可靠、世界各地包邮、服务到位等也成为他们的推广重点。此外，部分第三方 B2C 平台采用了海外商品闪购模式。

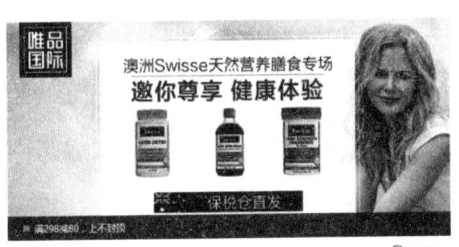

图：唯品国际

★ 优点：当采用该模式的平台发展到一定程度、在业内拥有一定的知名度后，容易在流量及产品供应方面获得更大的优势。

★ 不足：采用该模式的平台，要在产品供应、运输环节具备较高的能力；要在短时间内积累用户，并引导用户进行消费；要同时把握好各个环节的运营。

★ 典型代表：蜜淘网、聚美优品推出的海外购、唯品会全球特卖、天猫国际的环球闪购等。

蜜淘网是CN海淘改名之后的叫法。CN海淘在早期涉足海外购物领域时，是以导购模式运营的。后来该平台发现了导购模式的不足，开始调整自身的发展方向，以限时特卖方式为主，逐渐扩展在海淘领域的发展规模。

在海外供应商的把控上，蜜淘网通过自身运营，将进口贸易商家汇聚到一个平台上，使国内的消费群体能够方便快捷地从中挑选自己需要的海外商品。对于商品运输环节，蜜淘网侧重于加快通关速度，通过采用保税进口模式为商品物流提供保障。

2014 年 9 月，蜜淘网与广州海关部门合作，并就直购进口模式达成一致，为蜜淘的商品物流提供了便利。在该模式实施的过程中，产品供应商、物流提供方、第三方支付体系可以同时获取消费者订单、运输货单以及支付清单的准确数据。

聚美优品于 2014 年 6 月推出"聚美海外购"频道，以海外商品闪购模式运营。进入第三季度后，聚美优品平台的起始界面添置了聚美海外购频道，一定程度上可以说明，海外商品闪购业务在聚美优品的整体运营中占据了更重要的地位。

目前，河南保税物流中心与聚美优品达成合作关系。单从其界面呈现的内容来分析，该平台经营的海外商品主要是韩国等地的生产商提供的。

唯品会在 2014 年 9 月底联手广州海关，上线唯品会全球特卖频道。该频道的运营也是通过直购进口模式来开展的，这一点与蜜淘网存在共性。迄今为止，唯品会的跨境商品经营范围已覆盖了欧洲地区、北美地区还有东亚地区。

此外，天猫国际推出了"环球闪购"，并将其作为开展跨境闪购业务的开端，菜鸟物流负责该平台在保税区的相关物流费用。而 2014 年 3 月 18 日，1 号店推出进口牛奶闪购活动，最终在 5 分 25 秒内售出 60 万盒牛奶，并成功申报吉尼斯世界纪录。

2.1.6 模式点评：跨境电商平台运营模式PK

总体而言，跨境电商发展到今天，其运营过程中还存在很多不完善的地方。比如：经营主体难以实现流量的集中；产业链中存在薄弱环节；相关政策还会陆续出台；消费群体对该行业的了解也会不断深入。这说明我国的跨境电商领域总体上还处于发展的萌芽期。

很多跨境电商平台背后都有实力巨大的电商企业的支撑，参照其历来发布的融资信息可以总结出如下规律：自营B2C模式是一种重模式，需要的资金支持规模比较高；洋码头等采用的是直发平台模式，其首轮融资规模达1000万美元，也需要比较高的资金支持；相比之下，导购平台获得的资金支持力度要小很多；蜜淘网作为海外商品闪购平台，首轮融资额度达500万美元，资金支持力度相对较小。

需要注意的是，很多海外零售商家也都已上线面向国内消费者的商品运输服务。在这方面具有代表性的是Macy's（梅西百货），其官方网站能够识别中国的IP地址，按照中国消费者的习惯提供相应的信息服务。

以前，在国内用户选择海外商品并进行消费的过程中，海外零售商处于被动地位，等待消费者自己找上门来。如今，这些零售商已经开始深入研究符合中国市场需求的运营模式。其中，大部分海外零售商采用的是自营B2C模式。虽然不能提前预知该行业的未来走向，但参考我国电商行业的整体发展状况来分析，采用不同模式的平台，在未来发展中，可能在发展规模上也会有所区别。

以成交规模来划分，国内的电商平台有如下三个层级：采用C2C模式的淘宝平台与采用B2C模式的天猫商城属于第一层级；京东商城等综合型自营B2C平台，属于第二层级；唯品会与返利网（导购/返利模式）等属于第三层级。第一层级中的电商平台在总体成交规模上要比第二层级

高出 9 倍，第二层级则比第三层级高出 9 倍。

等到跨境电商的成交规模达到一定程度，若以同样的方法来进行划分，采用各运营模式的平台可分为如下三个层级：第一层级是海外代购平台与直发/直运平台；第二层级是综合型自营跨境 B2C 平台；第三层级则是海外商品闪购平台以及导购/返利平台。

参考国内电商模式的区分情况，高一级的跨境电商模式可能也比低一级的高出好几倍。也就是说，各个层级的模式之间在规模上可能有非常大的差距。

不过，跨境电商行业在发展过程中也会遵循自身的前进轨迹，最终其层级划分的结果也可能与我国的电商行业之间存在很大差别。但有一点是可以肯定的，即采用不同模式的平台，在用户数据统计、消费者需求分析、商品供应等环节的运营中，要提供不同的资源支持及具体处理能力。

经营主体需要对其最终选择的模式有着清楚的认识，结合自己的资源整合能力，分析其未来发展形势。野蛮生长是目前跨境电商领域参与者的主要特点，所有在该领域开展运营或者计划进军该领域的企业，都要找到适合自己的发展途径，才能在层层包围中突显自身的竞争优势。

2.2 出口跨境电商：贸易全球化时代的"走出去"战略

2.2.1 出口跨境电商的 4 大主流平台及玩法

在国家相关政策扶持及日益提升的消费需求驱动下，国内创业者及企业争相进入跨境电商领域，力争在尚属蓝海的这一新兴市场抢先建立绝对领先优势。对国内的诸多跨境电商卖家而言，目前可以选择的电商平台主要包括速卖通、亚马逊、eBay 及 Wish，这四大平台都有各自的优势及缺陷。选择一家适合自身发展的跨境电商平台，是国内跨境电商从业者需要解决的首要问题。

可能许多缺乏相关经验的新手卖家会认为，通过采取广泛撒网方式，在这四大平台都开设店铺，会有较高的成功率。但事实却并非如此，一个缺乏资金、技术、经验的新手专注于适合自身发展的某一平台的成功率，远比在四个平台都开设店铺要高得多。下面，将对这四大主流出口跨境电商平台进行详细分析，从而帮助国内卖家做出更为明智的选择。

◆ **速卖通**

阿里旗下的速卖通于 2009 年 9 月正式开始运营，它不但依托淘宝、天猫等平台提供的强大资源，成为全球品类最为齐全的跨境电商平台之一，更凭借着极高的用户流量在国际市场取得了较高的话语权。

速卖通平台最大的特点便是用户对价格较为敏感，采取低价营销策略是速卖通平台卖家提升销量的重要方式之一。当然之所以出现这种局面，和阿里将淘宝平台的用户导入速卖通平台有着直接的关系。

速卖通平台卖家的目标用户主要集中在巴西、俄罗斯等新兴市场，以俄罗斯为例，截止到 2015 年 6 月，俄罗斯用户每月在速卖通平台上购买次数达到 1560 万人次，平均每天速卖通要向俄罗斯发送 30 万个包裹。

国内卖家在速卖通平台上可以选择中文及英文两种语言，操作相对简单。在经过简单的培训后，即使没有相关电商运营经验的卖家也可熟练掌握。阿里在客户培训方面一直在业内处于领先地位，那些想要在其他平台开店的国内跨境电商卖家，也可以先在速卖通平台学习相关知识。

速卖通平台在巴西、俄罗斯等新兴市场中销量较高的产品，往往是那些在价格上具有明显优势的商品。据统计，速卖通在俄罗斯市场销量较高

的产品品类主要为服装、鞋子、配饰及电子产品。

◆ **亚马逊**

亚马逊作为阿里在电商市场中的主要竞争对手之一,其在国际市场同样拥有海量的用户流量及品类丰富的产品。与其他三家平台相比,亚马逊对入驻卖家的要求相对较高,卖家必须保证产品品质,其开店流程也相对比较复杂。

卖家注册亚马逊账号后,还需要注册美国、英国等国的银行账号以便于接收货款。卖家可以先注册一家美国公司或者寻找一家美国代理公司,接着再申请一个用于报税的美国联邦税号。具体来说,国内的新手卖家在亚马逊开店需要注意以下几个方面:

(1)拥有稳定的供货渠道,而且产品品质较高,因为"产品为王"是亚马逊平台上卖家的一大生存法则。

(2)学习专业的亚马逊开店规则及运营技巧。亚马逊对入驻卖家有着较为严格的考核制度,那些违反平台规则的卖家,不但有可能会遭受平台的严重惩罚,甚至有可能承担刑事责任。

(3)一台专门用户登录亚马逊卖家账号的电脑。卖家需要明白,一台电脑只能登录一个亚马逊账号,如果登录其他亚马逊账号,不仅会对店铺运营存在负面影响,而且还会因为违反亚马逊规定而被惩罚。

(4)拥有一张美国银行卡。亚马逊平台店铺产生的交易货款全部存放在卖家账户系统中,如果想要将这些钱提现,就必须持有一张美国当地的银行卡。当然,这个问题并不难解决,大部分做跨境电商的卖家都有一些海外客户、朋友等,可以让他们帮忙申请。当然,也可以通过国内的代理机构来解决。

(5)获取用户流量。和速卖通平台一样,亚马逊平台中的用户流量主要包括两种:内部流量与外部流量。为了吸引更多的用户,卖家需要在社交网络平台中进行营销推广，推广时尽量使用软文广告。

总之，在亚马逊开店，卖家最好拥有一定的外贸基础及海外客户资源，并与供应商建立稳定的合作关系。短期内，亚马逊平台中的新手卖家很难实现盈利，所以除了要拥有足够的资金提供支持外，卖家要有长期坚持的心理准备。

◆eBay

事实上，由于eBay平台的市场主要位于跨境电商产业相对成熟的欧美地区，所以国内的跨境电商卖家更容易在该平台中取得成功。

在eBay平台开店相对比较简单，但该平台最大的一个特点就是其规则更加注重于维护消费者的权益，当买家因为产品或者物流方面的问题而与卖家发生纠纷时，eBay进行的判决往往会倾向于买家，从而导致卖家有可能遭受较高的损失。

（1）eBay的选品策略

在eBay平台中取得成功的关键在于选择合适的产品品类，所以卖家在正式入驻平台之前，最好先对目标市场（主要是欧美市场）进行深入考察。

★在eBay平台中研究整体市场的状况，并结合自己拥有的资源进行分析；

★研究欧美市场的文化、购买力、地域特色、消费习惯等，选择那些发展前景良好的产品；

★研究eBay中正在热卖的产品，分析其平均价格、销量、利润率、发展前景等，分析与其他卖家相比，自己又有何优势。

(2) eBay 平台的主要特点

虽然在 eBay 平台中开店相对比较简单，但卖家还需要详细了解其规则及制度。

★ 首先卖家需要准备发票及银行账单等相关资料及文件；

★ 与淘宝、天猫等国内电商平台不同的是，在 eBay 上架产品却需要付费；

★ eBay 对卖家制定的考核期相对较长，而且一开始卖家只能上架 10 个品类以内的产品，交易形式被限制为拍卖，只有当卖家的交易量及店铺信誉达到一定的标准后，才能成为正式入驻卖家；

★ 当店铺被买家投诉时，很容易出现店铺被封停的情况，因此卖家要格外注意自己的产品质量并为消费者提供优质服务。

由于 eBay 平台中店铺运营及管理相对比较简单，而且投入成本较低，尤其适合那些有一定外贸资源的跨境电商从业者。

◆ Wish

Wish 平台中的产品性价比较高，而且其根据用户个性化需求进行定制化营销。Wish 在美国市场中拥有大量的忠实用户群体，该平台中销量较高的产品主要为服装、配饰、珠宝等。平台中的绝大部分用户流量来自于移动终端，拥有超过 4700 万名用户。从消费需求日趋移动化、碎片化的发展趋势来看，Wish 平台在未来将拥有巨大的发展前景。

Wish 平台的主要特征主要包括两个方面：

(1) 私人定制模式下的销售

Wish 平台结合大数据、云计算等新一代信息技术向 APP 用户推送满足其需求的个性化产品，从而实现定制化营销，这不但有效提升了营销转化率，更为用户带来了良好的购物体验。此外，Wish 在同一个页面中向消费者仅展示少量的商品，避免用户将大量的时间浪费在自己不需要的产品上，并由此赢得了广大用户的一致认可。

（2）移动电商未来真正的王者

Wish 最初仅是一个以图片形式展示商品的导购类网站，凭借着优质的内容沉淀了大量的用户流量，最终转型成为电商交易平台，而且近年来一直处于高速增长状态。国内卖家可以借助 Wish 提供的发展平台，分享即将迎来爆发的移动电商创造的海量价值。

2.2.2 我国出口跨境电商产业链及市场格局

总体而言，出口电商占据跨境电商的主导地位，在今后的发展过程中，其地位还将继续维持；从 B2B 模式的未来走向来看，由于跨境电商在运营过程中需要垫付资本，需要足够的资金支持，还要处理票据问题，采用 B2B 模式的电商运营者在短期内无法取代实体经营；虽然目前 B2C 模式的市场交易额不高，但其发展非常迅速，在总体中的比重不断增加，可能在今后的发展过程中与 B2B 模式获得同等的地位。

国内出口电商在发展过程中形成较为完整的产业链，其中，生产类企业及品牌供应方位于产业链上游位置；采用不同模式的电商企业，提供不同类型服务的平台、交易平台、独立运营的电商平台、自营平台等位于产业链中间环节；消费群体位于产业链下游。

商品的物流运输由如下三部分组成：跨境物流、仓储管理、送货到家。一些拥有实力基础的物流企业可承担所有物流项目的运营，其他中小规模的物流企业只负责其中的一项或两项。

另外，我国跨境电商采用结算方法有很多，比如，通过 PayPal、MoneyGram 等在网络平台完成交易，还可通过银行转账、西联汇款、国际电汇等完成支付,出口电商多采用PayPal、银行转账及国际信用卡来进行支付。

◆ **上游:中国出口电商卖家**

立足于之前产品品类的发展规律来分析,产品品类不同,其进入成熟运营阶段的次序有先后之别,其中,起到关键性作用的有三个因素:物流运输、商品的标准化水平及毛利。

出口跨境电商企业大致需要经历以下几个时期:

★ 第一步,通过单品经营开拓市场,借鉴成熟平台的品类组成方式,筛选出竞争力较强的商品种类,以此为经营开端;

★ 第二步,拓展商品种类,使商品种类更加多样化,加强仓储管理,增加销售规模;

★ 第三步,要壮大人才队伍,以此来加速整体运转,提高运营效率;

★ 第四步,向精细化运营方向发展,当企业发展到一定规模后,要提高自身运作的专业化水平,提高自身在营销环节及商品供应方面的竞争力;

★ 第五步,打造企业品牌,发展销售渠道。

如今,大多数出口电商企业还在进行商品种类的拓展。

目前,国内生产类企业在运营过程中出现的问题有:产能过剩、同质化竞争激烈、营销环节及售后服务体系尚不完善等。

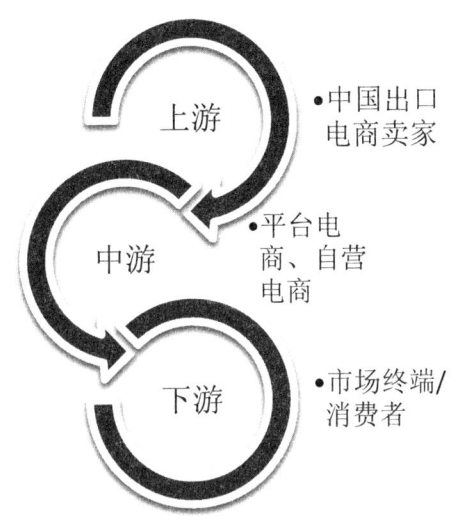

◆ **中游：平台电商、自营电商**

出口电商的运营模式有两种：B2B 模式与 B2C 模式，其中，B2B 模式需要第三方平台在出口企业与进口企业之间搭建桥梁，进行供求信息的对接；B2C 模式则是在出口企业与消费群体之间搭建桥梁，具体来说，B2C 模式可细分为两种不同的类型，即平台模式与自营模式。

（1）平台模式

如今，采用平台模式的知名电商企业有：实力型电商平台亚马逊、移动优先购物平台 Wish、国际贸易电子商务平台 eBay、在线外贸交易平台速卖通等。

★ 从市场份额来看，几家企业经过一段时间的比拼，在市场上已经形成较为稳定的局势。

★ 从盈利渠道来看，跨境电商平台从买卖双方交易中收取一定比例的费用是亚马逊、Wish、eBay 的主导来源。阿里巴巴旗下的速卖通以低端消费群体为主，与其他三者不同。

> ★ 从营销措施来看,速卖通的营销宣传手段具有多样化特征,技术因素在信息检索结果中发挥着关键作用;平台帮助新入驻的企业进行商品推广,注重协调发展。
>
> ★ 从运营策略来看,以亚马逊为代表的商家控制过度运营,规定商家需要有唯一的账号,我国的电商经营,在品类选择方面较为集中,差异化特征不明显,复购率较低。

(2) 自营模式

采用自营模式的知名电商平台有:外贸 B2C 平台 DealeXtreme、跨境电商国际平台大龙网以及兰亭集势等。

这些平台的不足之处在于:在营销及运营方面需投入大量资本,获取用户成本的平均水平较高;多数用户只进行一次性消费,盈利能力有待提高。另一方面,随着移动互联网的发展与普遍应用,传统模式下通过信息检索积累流量、吸引用户关注的方式已跟不上平台发展的需求,价格竞争仍然占据主导地位。缺乏品牌效应,用户积累所需的投入逐渐增加,将使得传统业务的发展日益失去竞争优势。

◆ 下游:市场终端/消费者

从电商平台面向的市场发展状况来看,加拿大、美国、澳大利亚等国,因总体经济水平较高,消费能力强,熟悉网购,对跨境购物有着比较深入的了解,物流体系的发展也较为成熟,在今后的发展过程中,依然是跨境电商零售出口的主导消费市场,其消费能力还会呈上升趋势。

近年来,一些快速发展的新市场,也为跨境电商零售出口领域的进步起到重要的推动作用,比如巴西、俄罗斯当地的电商行业存在供不应求的现象,市场需求量大,而我国出产的商品具有较高的性价比,在同这些国家电商企业的竞争中处于优势地位;另外,东南亚地区拥有巨大的开发空间，其消费习惯与国内消费者也存在共性。

出口电商服务企业经营的业务范围较广，除了 CRM 客户管理、企业资源计划等信息化服务，还包括货物供应资源的链接、用户积累及维护、营销推广、商品的物流运输、交易环节的服务等，以及其他相关项目。在今后的发展过程中，出口电商服务企业会提供综合性服务，为企业提供各方面支持与指导。

在信息化服务运营中，分销代理的发展机会较大。这种服务模式包括了数据收集及处理、信息资源的连接、资金运转及配套设施的支持，以及物流服务等，能够帮助小规模电商企业进行品类选择、避免严重的货物囤积，并通过资源整合完善自身服务体系，为商品供应企业提供更多的销售途径。

2.2.3　我国出口跨境电商的发展趋势及发力点

总体来看，出口跨境电商发展将呈现三大趋势：

（1）对跨境电商而言，移动端的发展能够起到带动作用

当用户产生特定需求时，可能会通过电脑进行商品信息的查询，并将不同品牌的商品进行对照，最终做出选择。相比于电脑，移动端应用能够使用户利用分散的时间去"闲逛"，在看到感兴趣的商品后更快下单。

近年来，小规模、零散的跨境贸易增长得十分迅速，无论是前期的渠道拓展、商品信息查询，还是产品推广、形象树立，乃至售后服务、物流运输等环节都能够通过移动端来进行，极大地降低了地理位置及时间方面的局限性，更好地满足了用户需求。

但是，在 PC 端，采用 B2C 模式的传统电商平台将其流量变现的难度要低一些。移动端则不同，吸引用户关注只能促使他们下载移动端应用，为了挖掘其商业价值，还要进行专业化运营，从商品营销、质量保证到物流等各个方面着手，为用户提供优质服务。

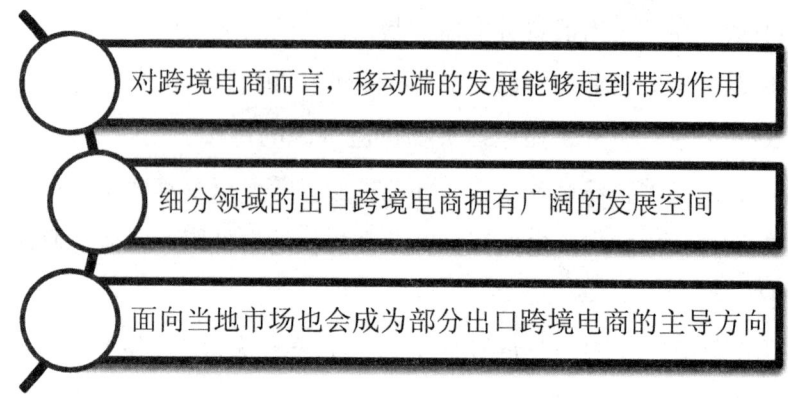

图:我国出口跨境电商的发展趋势

(2) 细分领域的出口跨境电商拥有广阔的发展空间

相比之下,传统模式下的出口跨境电商大都侧重于商品经营,主要通过价格优势取胜,虽然能够吸引用户,但其用户黏度不高。面向细分领域的出口跨境电商则可以利用社交平台进行社群运营,以此来发掘潜在消费者,能够有效提高用户的依赖性以及重复购买率。

(3) 面向当地市场也会成为部分出口跨境电商的主导方向

用户积累到一定程度后,可与当地的主流媒体、用户普遍应用的社交平台进行合作,推广产品,同时按照用户的审美习惯设计页面,根据用户需求改进自身产品,注重品牌的打造及运营,扩大品牌覆盖面,同时,联手当地的物流企业,从产品包装、货物存储、物流服务、客服等各个方面增强用户体验。

鉴于当前的发展态势,出口跨境电商应着手于以下两个方面:

★改善出口跨境电商服务企业的流程框架,提高资源利用率,为电商企业提供多方面的服务指导,不断拓展业务经营范围,向产业链各个环节延伸。

★针对海外消费群体的新型出口跨境电商运营模式在其发展过程中体现出一些优势特征。比如：减少生产方到产品销售过程中的中间环节，拓宽利润空间；利用社交平台进行推广，促使用户自发传播，增强用户对自身品牌的认可；虽然订单量有限，且变动性较大，市场需求受外部因素的影响较大，但贸易体制不容易僵化，可供开拓的市场范围大，可以避免单一市场竞争陷入困境。

2.3 跨境电商时代，小微外贸企业如何拓展全球市场

2.3.1 我国小微外贸企业的发展现状与特点

近年来，在国内的对外贸易领域，跨境电商发挥着越来越重要的推动作用。很多小微外贸企业尝试通过跨境电商，实现自身发展的改革与升级。但由于经验不足、实力有限，小微外贸企业在进军跨境电商的过程中遇到了诸多问题，例如：资金短缺，物流损失大，在海外市场的拓展中遇到重重阻力。

针对这些问题，小微外贸企业可以尝试进行模式上的改革，及时关注政策发展趋势，提高企业品牌的影响力；充分整合优势资源，与其他企业进行合作；发挥集群效应，联手外贸综合服务平台推动自身发展，与当地的大学及研究机构合作，壮大自己的人才队伍；逐步解决各个方面的问题，迎来创新式发展。

从经济发展的国际层面来分析，因为整体经济不景气，海外需求下

降，给国内众多外贸企业带来巨大压力。另一方面，如今国内电商行业的发展不断趋于成熟，利用互联网平台优势，跨境电商推动了传统外贸领域的改革与升级。

跨境电商在运营过程中省去了很多中间环节，减少了企业的成本消耗，吸引了众多传统外贸企业的加入。跨境电商在2015年的出口增速突破30个百分点，给很多小规模外贸企业的发展带来希望，在国内外贸发展中占据越来越重要的地位。

近年来，国内对外贸易逐渐趋于分散化，跨境电商的发展符合这个大潮，同时，在采用B2B模式的基础上，该行业在面向海外市场时，对B2C模式与C2C模式的应用也逐渐增多。跨境电商具有很多优势，例如，要求较低、投入不高、无需复杂的交易流程、消费者来源更加广泛等，因而，众多小微外贸企业都看好跨境电商的广阔发展前景。

小微外贸企业一年内的出口规模大都超不出300万美元，这也是对该类型企业的一种界定，2012年，权威部门发布《中国中小微企业健康发展报告》，报告中指出，国内小微外贸企业的总规模达188万家，在我国所有出口企业中的比重达七成以上，为很多人解决了就业问题。

不仅如此，在国内出口贸易总额中，超过六成是由小微外贸企业完成的。小微外贸企业尽管在规模上不占优势，结构也并不复杂，但该类型的企业可以根据市场需求，在短时间内进行调整与完善，正是凭借其优势特点。虽然面临大环境的危机与挑战，小微外贸企业在跨境电商领域取得了不错的成绩。

不过，随着国内的电商发展模式不断普及，相关政策也日趋完善，整体规模不断提高，众多外贸企业转向跨境电商，该领域的比拼也逐渐呈白热化，小微外贸企业的跨境电商发展面临的问题也逐渐显露出来。

2.3.2 困境:"互联网+小微外贸"面临的问题

◆ 资金不足

一般情况下,跨境电商的出口批次较多,且一次性交易规模小,而小微外贸企业的运营成本不高,适合发展跨境电商。然而,因为跨境物流还未形成完整的体系,运行效率较低,商品从发货到最后的结汇环节,需要经历漫长的过程,同时,结汇中要扣除一定比例的手续费用,经营方必须先行垫付,要消耗很多资金。

另外一方面,国际汇率一直不稳定,人民币升值会导致企业需要投入更多的资金,加剧了企业的资金紧张。除此之外,世界各个国家与地区都在进行经济改革,导致原材料价格水平提高,聘用人才也要投入更多的成本,这些因素都导致企业资金不足。

然而,小微外贸企业因为规模不足,结构不完善,很难从银行获得大规模的资金支持,很多企业为了维持运营,不得不向不正规的金融组织寻求帮助,却给企业的后续发展造成阻力。

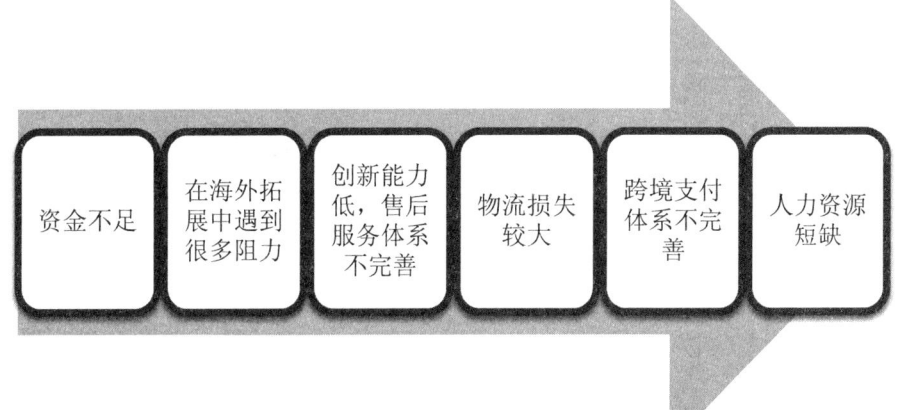

图:"互联网+小微外贸"面临的问题

◆在海外拓展中遇到很多阻力

跨境电商能够通过网络平台在世界范围内实现各种商品的交易，从企业发展的角度来分析，无论是品类的筛选，还是定位环节，都是不可忽略的。

一般情况下，小微外贸企业的创建者在企业运营之前就在外贸流通领域有过从业经验，对其发展规律比较了解，在早期发展阶段能够获得原有客户的支持，然而，在企业的后续发展中，还需要进行新客户的开发。

但是，小微外贸企业的商品一般不具备多样化特点，某些跨境电商交易平台在其商品营销中发挥主导作用，企业本身没有独立的推广途径，开拓海外市场的能力也十分有限，容易遇到瓶颈。

◆创新能力低，售后服务体系不完善

小微外贸企业缺乏雄厚的实力，且创新能力较低，面对激烈的竞争，以跨境电商模式运营时，往往会抱着侥幸心理，经营那些利润空间大、质量方面没有保证的产品，比如伪造的名牌产品。发展到最后，企业会因为相关法律问题，比如遭到消费者投诉、线上店铺被关闭等原因，造成企业的线上运营被迫停止，客户转向其他公司。

另外，在跨境电商的运营过程中，经营者与消费者之间唯一的联系途径就是线上平台，企业所在地与顾客之间可能跨越重洋，如果企业在售后服务方面缺乏积极主动的态度，服务体系就会愈加不够完善。

◆物流损失较大

对发展跨境电商的企业而言，实现跨境物流的途径并不多，国际航空虽然节省时间，但价格昂贵，成本消耗大，交易价格也会水涨船高，可能

使小微企业在竞争中处于不利地位。在这种情况下，邮政小包因为价格低廉、覆盖范围大而成为众多跨境电商经营者的选择。

调查结果显示，通过邮政方式寄出的货物高达七成，然而，邮政物流效率较低，很多货物会在运送途中丢失，并且大多数还是以个人名义寄送到海外的，给海关管理造成很大困难，由于难以获得出口退税方面的优惠，在一定程度上给小微企业带来更多的成本消耗。

◆ **跨境支付体系不完善**

如今，通过 PayPal 支付平台与 Master、Visa 等国际信用卡支付，是发展跨境电商的小微企业最常用的交易方法。若交易规模较大，则通过电报办理汇兑。这几种方式既有各自的优点，也有不足，从小微企业的角度来说，如果单笔交易额较低，则需扣除很多手续费用，客户还可能拒付货款，这些问题都有待解决。

◆ **人力资源短缺**

跨境电商的成长速度非常快，导致小微企业可能出现人力资源短缺的问题。其原因，一方面，跨境电商领域需要从业者具备较高的专业能力，对电商行业、海外贸易、产品销售方面都有所把握，而小微企业本身存在结构组织不完善、薪资水平不高的问题，对优秀专业人才的吸引力较低。

另一方面，跨境电商领域在创业方面门槛相对要低一些，很多从业人员只是在相关公司里工作一段时间，待自身的能力及其他条件具备之后，就自己尝试创业。所以，小微外贸企业很难留住优秀人才。

2.3.3 破局:"互联网+小微外贸"的实现路径

◆ 及时关注政策发展趋势

跨境电商发展得十分迅速,有关该行业的政策也不断出台。政府部门推行的政策包含各个方面,例如,对外出口的税收政策、海关管理政策、结汇监管政策、支持跨境电商零售出口的相关政策等。政策的出台,能够对跨境电商行业形成监管作用,同时可以减少制度性限制。

为了带动出口贸易,国务院于2016年初发布《关于同意在天津等12个城市设立跨境电子商务综合试验区的批复》,允许在上海、大连、深圳等12个城市建立跨境电子商务综合试验区,拓展该模式的应用范围。

发展跨境电商的小微企业,要实时关注相关政策,响应政策号召,提高企业发展的规范化水平。

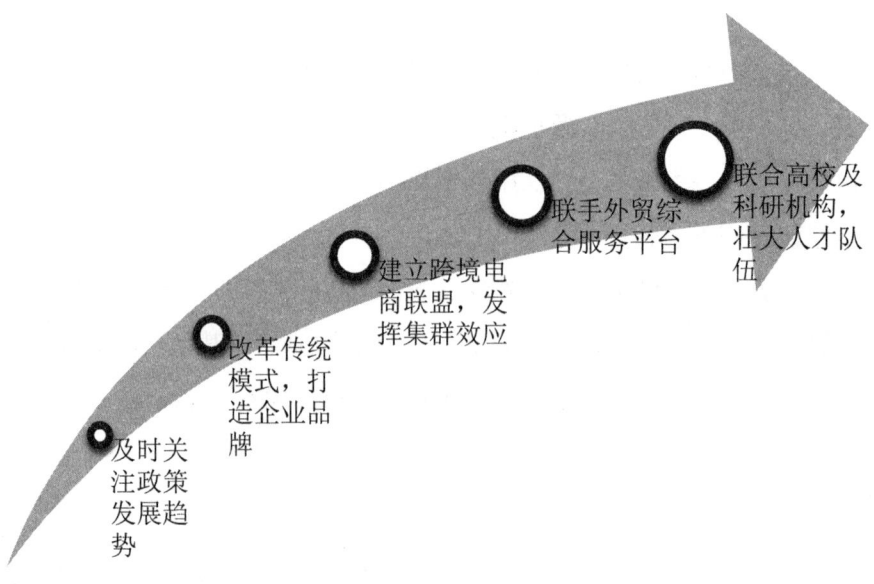

图:"互联网+小微外贸"的实现路径

◆ **改革传统模式，打造企业品牌**

发展跨境电商的小微企业大多采用 C2C 或 B2C 模式，交易额度不高，应利用多种渠道把握海外消费者的需求，分析市场发展趋势，了解用户的行为特征及消费习惯，采用订单式生产模式，根据客户需求组织产品生产，满足消费者的个性化需求，对传统模式进行改革，开拓自身的发展空间。

另外，发展跨境电商的小微企业应注重企业品牌的打造。如今，跨境电商多采用平台化运营模式，利用平台进行产品营销，吸引客户。然而，交易平台上的价格信息是对外开放的，很多同类企业之间的商品区别性较低，导致彼此之间展开盲目竞争，使很多小微企业陷入发展困境。在这种情况下，只能采取品牌化经营战略，在为客户提供优质产品、改善自身服务体系的基础上，在消费者群体中树立良好的企业形象，提高企业品牌的影响力，积累粉丝用户。

速卖通是中国首屈一指的在线外贸交易平台，进入 2016 年后，该平台要求入驻商家必须具备企业品牌。此外，B2C 模式将取代原本的 C2C，成为该平台的主导模式。这给个体商家与小微企业带来巨大的挑战，但同时也从一定程度上推动了企业品牌的建立。

◆ **建立跨境电商联盟，发挥集群效应**

"一带一路"建设在物流运输方面能够推动跨境电商的发展，同时也促进了线路所经城市及附近地区的经济建设与对外贸易。

小微外贸企业能够利用区位所在地的多种资源优势，与其他电商企业建立合作关系，发挥群优势，提高区域影响力，完善产业链的各个环节，推动跨境电商的生态体系建设。另外，这种发展模式能够推动海外仓储的建设与管理方面的完善。

◆ **联手外贸综合服务平台**

国内在改革传统对外贸易发展方式的基础上,推出了外贸综合服务平台,跨境电商模式的应用,进一步推动了外贸企业的转型升级。

借助于外贸综合服务平台,小微企业能够在资金、物流、对外出口、保险等方面获得支持,对外交易过程中的操作流程更加简单,在降低成本消耗的同时,可以将更多的精力用于组织生产及品牌推广,使企业的产品更加符合市场需求,进一步突显企业的竞争优势,维持自身的竞争地位。

◆ **联合高校及科研机构,壮大人才队伍**

跨境电商领域的从业者需要具备较高的素质,既要熟练掌握外语,还要善于同客户交流互动,懂得网络营销知识,同时要了解在线交易的操作方法等,而如今大多数高校的课程设置与该行业的人才需求并不相符。

因此,跨境电商企业应该与当地的大学及科研院所达成合作关系,将企业的人才需求传达给人才培养机构,使高校通过课程调整,将科研、教育、生产的发展结合起来。在合作过程中,企业应注重自身形象的树立,吸引优秀专业人才的加入。

如今,跨境电商的发展还在上升时期,总体而言,拥有良好的前景,然而,小微外贸企业在发展过程中仍然面临种种问题,对此,要充分利用企业自身的特点,顺应发展大潮,采取多种方式,借助多种资源、渠道,进行自身改革与完善,通过模式创新,在困境中为企业发展开辟新的道路,在激烈的竞争中提升自己的优势。

2.3.4 中小企业发展跨境电商的4个关键要素

中小企业做跨境电商,要把握好物流、仓储、平台、人才四个关键要素。

◆ **物流:选择合适的物流公司**

做跨境电商显然离不开物流系统的有力支撑,对中小企业而言,可以从四个方面综合考虑和选择最适宜的物流公司。

(1)经验层面:主要看该物流公司是否拥有跨境物流运营的丰富经验。

(2)服务层面:主要考察物流公司是否能够提供针对不同物流需求的多元化服务。跨境物流中,不同货物的运配方式是不同的,选择拥有多元服务渠道的物流公司,能够有效避免商家因货品运送的特殊要求而再次寻找新物流公司的麻烦;同时,保持与同一个物流公司的长期合作,也有利于商家获取更多优惠优质的物流服务。

(3)价格层面:跨境电商中,物流成本在商家总成本中常常占有较大比重,这使很多中小企业盲目选择价格最低的物流公司而忽略了服务质量,结果常常出现包裹丢失、派送延迟等问题,严重影响了用户的整体消费体验。因此,中小企业要兼顾价格和服务质量,在自身承受范围内选择一个最合适的物流公司,既不会因物流价格太高影响自己的利益诉求,又不会因物流服务问题降低用户的消费体验。

(4)实力层面:对物流公司的整体实力进行考察,如物流公司的网点分布情况,与上游商家和终端消费者的对接能力等。

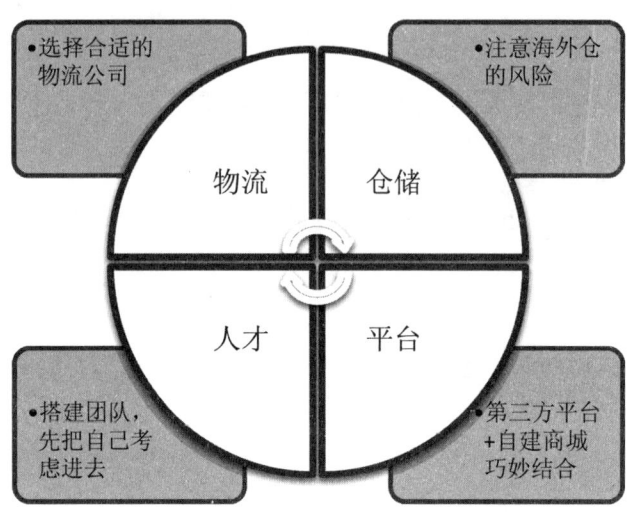

图:中小企业发展跨境电商的 4 个关键要素

◆ 仓储:注意海外仓的风险

海外建仓是很多做跨境电商的企业所青睐的方式,能够极大优化消费者的物流体验,使商品快速进入本地市场。不过,并非所有的商品都适合或者值得进行海外仓储,一般那些价格高、体积大、易碎等不适合传统物流渠道运送的货品,才需要建立海外仓。

海外建仓需要大量的资金投入,且常常面临不可控的风险,因此需要商家综合考虑自身的资本与风险承受能力,慎重建仓。同时,海外仓的货品若没能被当地市场完全消化而再次运回国内,就属于进口物品范畴,其物流和关税支出常常会远超货品本身的价值,因此海外仓中没卖掉的商品就形成了库存损耗。

◆ 平台:第三方平台+自建商城巧妙结合

对于刚进入跨境电商领域的商家来说,通过第三方平台进行交易是一个不错的选择。这些专业化的第三方平台在长期的发展运营中已经形成了相对成熟完善的跨境交易规则,能够在优先保障消费者权益的基础上,打造尽可能公平的竞争环境和交易系统。

对卖家来说,第三方平台提供了庞大的用户流量,只要商家能获得消费者的认可和青睐,就会拥有无限广阔的市场;不过,这种模式的缺点是话语权掌控在平台手中,卖家受到平台的约束,一旦出现失误或违反了平台规则,就会受到惩处甚至关店。

因此,一些企业通过自建商城的方式打造跨界 B2C 电商模式。这种模式的重心在品牌背书而非流量获取。当有相关需求的消费者能够在网上首先搜索到企业的品牌时,就会比较容易记住和信任该品牌。自建商城更多的是对企业品牌进行信任背书,提高用户对品牌的信任度和忠诚度,从而更有效地进行流量变现。

同时,商家还可以将第三方平台与自建 B2C 商城结合起来,如在商品包裹中放入一张 B2C 商城的宣传单,以此进行自建商城的推广,让第三方平台中更多的用户了解企业的自有商城和品牌。

◆ **人才:搭建团队,先把自己考虑进去**

做跨境电商首先需要组建一个团队,通过团队分工与协作更有效地应对跨境电商运营中的各种问题。在组建跨境电商团队时,商家必须对跨境电商有着深入透彻的理解,如此才能对面试人才进行评判筛选,找出最适宜组建跨境电商团队的人才。

同时,跨境电商团队中既要有擅长平台操作的成员,也要有懂得产品和用户沟通的人才,以获得团队协同效应,更好地处理各种问题。因为懂得平台运作的成员并不一定能拍好图片、能对产品进行极具吸引力的描述,这也是做跨境电商必须依靠团队而非个人"单打独斗"的原因。

另外,在团队配置时,创建人还需要将自身扮演的角色考虑进去,以便及时补齐团队短板。正如很多成功的传统企业的创始人都是从基层一点点做起的,因此他们对产品和企业运行的各个方面都有着深刻的理解。

第3章

跨境电商多平台运营：策略、技巧、工具、实战

3.1 全球速卖通平台运营基础与实战策略

3.1.1 全球速卖通平台商业模式分析

◆ 产品提供

2010年4月上线的全球速卖通平台,致力于为中国供应商和国际中小采购商提供便捷高效的在线交易服务平台。

对国际采购商来说,在全球速卖通平台上可以以较低价格方便快捷地采购到中国制造的全线产品,并获得安全、快捷(如同B2C交易方式)、优质的贸易服务;对中国供应商而言,可以直接通过全球速卖通平台售卖产品,从而开拓国际市场,获取更多效益。

◆ 目标客户

全球速卖通平台的服务对象主要是买家和卖家两类人,不过平台只会向卖家收取费用。

(1)买家

如下图所示,速卖通平台上的买家包括线上和线下的零售商,前者是指eBay、亚马逊等平台中的零售商;线下主要指实体店的中小零售商。

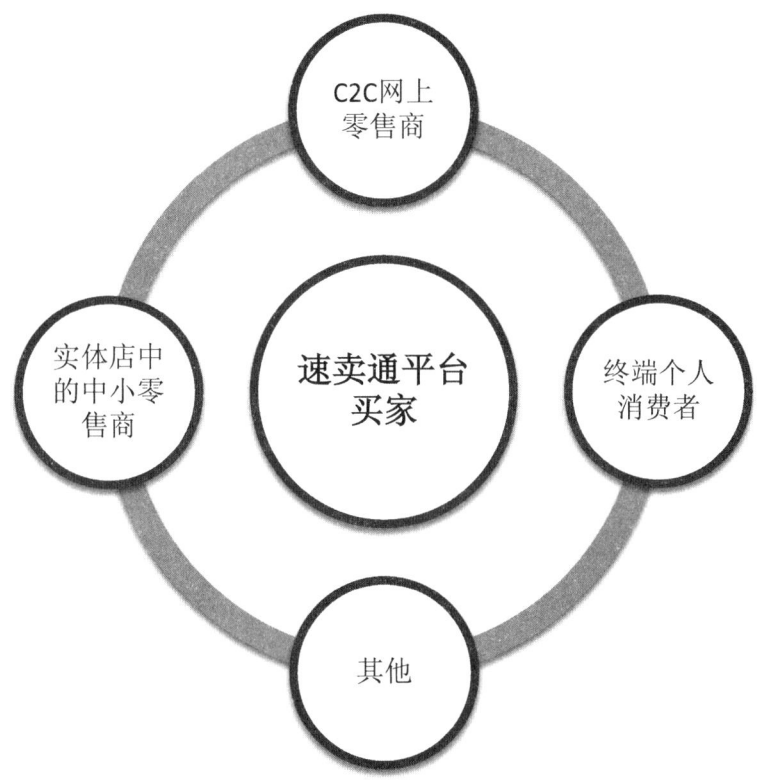

图：速卖通平台的买家构成

（2）卖家

全球速卖通平台上的卖家主要是阿里巴巴平台上的中国供应商会员，包括外贸生产型企业、外贸公司、外贸 SOHO 一族三类。同时，这些卖家通常也是 eBay 等各类 C2C 平台上的卖家。在速卖通平台上，中小型外贸公司和外贸 SOHO 一族较多，而实力较强、本身就拥有稳定营销渠道的外贸生产型企业比例较小。

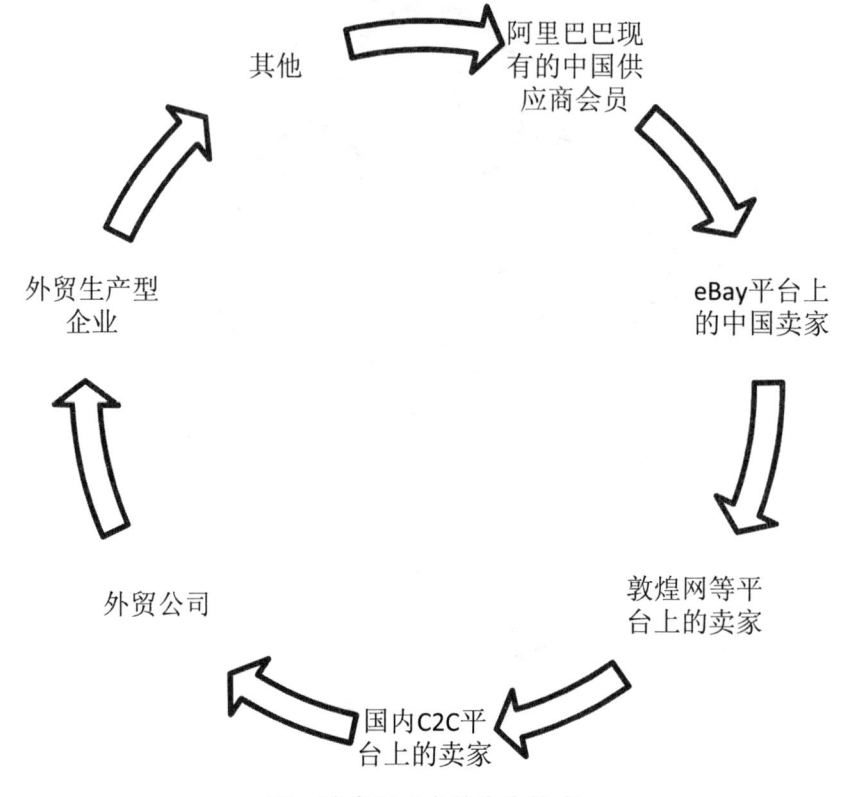

图：速卖通平台的卖家构成

(3) 买家的拓展

作为阿里巴巴打造的面向全球市场的在线交易平台，全球速卖通的买家自然主要来自阿里巴巴平台；同时，速卖通平台还借助搜索引擎优化和付费推广、网站联盟、许可电子邮件营销等多种方式吸引全球买家。

(4) 卖家的拓展

成为全球速卖通平台上的卖家会员，首先要成为阿里巴巴中国供应商会员；而阿里巴巴现有的中国供应商会员可以免费进驻速卖通平台。因此，阿里巴巴平台上的中国供应商会员是全球速卖通卖家的主要来源；同时,速卖通平台还借助深入对手内部、在线方式、线下拓展等吸引国内卖家。

◆ **相关服务**

全球速卖通平台借助自身以及核心合作伙伴资源为买卖双方提供优质的贸易服务。

(1) 全球速卖通平台自身的资源配置

全球速卖通是面向全球市场、为买卖双方提供优质在线交易服务的平台,其平台构成主要包括技术研发部门、买家及卖家拓展部门、客服服务部门、后勤保障部门等。

> ★ 技术研发部门负责平台网站的建设和相关工具的研发。
> ★ 买家拓展部门主要是通过 SEO(Search Engine Optimization,搜索引擎优化)、SEM(Search Engine Marketing,搜索引擎营销)、EDM(Electronic Direct Marketing,电子邮件营销)等方式为平台吸引更多的国外买家。
> ★ 卖家拓展部门负责为平台吸引更多的国内卖家。
> ★ 客服服务部门负责卖家认证、付款及退款处理、交易纠纷处理等工作。
> ★ 后勤保障部门的工作内容主要是财务、人力资源等通常的后勤保障工作。

(2) 全球速卖通平台的核心合作伙伴

速卖通平台的核心合作伙伴主要是网上支付厂商和 Google 搜索引擎。如 PayPal 是线上交易支付的最重要工具,而速卖通平台对海外买家的拓展也主要是通过 Google 搜索引擎进行的。

需要指出的是，在全球速卖通平台的整体商业流程中，平台本身并不与 DHL、UPS、TNT、EMS 等物流企业发生直接的关系。

◆ 成本结构

速卖通平台的成本包括运营成本和推广成本两类。前者包括工资、房租、电费、服务器及相关费用的支出；后者主要是支付给 Google 搜索引擎的关键字广告推广费用，这一费用具有很强的变动性，有时会远超运营成本。

◆ 收入来源

全球速卖通平台的收入来源主要包括会员费和交易佣金两种。

> 交易佣金：速卖通平台会对每笔成功的交易收取 5% 的佣金。例如，买家向卖家支付了 100 美元的货品款项，卖家实际收到的金额将只有 95 美元，速卖通平台会收取 5 美元的交易佣金。

全球速卖通平台支持电汇、支付宝和其他跨国在线支付渠道。同时，阿里巴巴为了推广支付宝交易方式，还在优惠期内对使用支付宝交易的卖家只收取 3% 的佣金。

3.1.2 全球速卖通平台账号注册流程

打开速卖通的官网，找到界面右边的"我要开店"注册入口，点击进入，按照提示填写信息。

图：速卖通网站免费注册入口

◆ 设置用户名

进入注册流程后，就能设置自己的用户名。界面会提示用户填写电子邮箱地址，若填写的邮箱经过后台检验，就能继续进行操作。此时，用户填写的邮箱就会成为速卖通显示的用户名。

图：设置用户名页面

图：用户名验证页面

◆ 邮箱验证

信息填写结束，还要登录邮箱，根据提示完成验证，以防邮箱地址填写出现错误，或邮箱失效。

（1）填完注册信息、点击"下一步"后，用户会进入邮箱验证页面。在这一步中，先认真检查自己填写的邮箱地址，然后就能点击"请查收邮件"，到自己的邮箱中查看。

（2）进入邮箱后，查看自己的收件箱，若用户此前填写的地址无误，就能收到速卖通发送的邮件，点击查看邮件内容，找到下方的"完成注册"按钮，单击实现操作。若点击无效或页面中没有出现提示按钮，用户可点击正文中的链接，或将该链接复制到浏览器地址栏中，按照提示完成注册。

图：速卖通发送的验证邮件

跨境电商

◆填写账号信息

用户名设置结束,接下来要做的便是账号信息的填写,这一步包括的内容项目比较详细,在操作这个步骤时不能忽视三点问题:

图:填写账号信息页面

图：注册手机号验证页面

第一点，用户要保证邮箱地址与手机号码准确无误。在运营过程中，平台会将多种信息内容（比如订单）以邮件的形式通知卖家，若邮箱地址有误，或用户使用频率较低，可能会看不到平台的通知。所以，用平台推荐的邮箱，比如雅虎、阿里巴巴等更保险一些；另外，用户要通过手机接收验证码信息，若手机号码有误，则不能及时接收平台发送的信息，没办法完成注册。

第二点，用户需保证姓名信息真实有效。因为这关系到经营过程中的交易环节，若信息有误，卖家很可能收不到消费者的付款。

第三点，用户应根据实际情况选择相应的经验选项。平台会根据卖家的行业背景及擅长的能力定制针对性的培养方案，帮助卖家快速适应平台运营，掌握经营技巧。

◆ 注册成功提示页面

上述步骤完成后，平台方会通知用户注册成功。接下来，用户只需完成实名认证，绑定支付宝账号，就可以在速卖经营产品，成为跨境电商卖家了。

图：注册成功提示页面

3.1.3 全球速卖通平台卖家规则介绍

◆ 注册规则

（1）卖家在速卖通平台注册时，不能使用违反国家法律法规、侵犯他人权益或者会对全球速卖通运营秩序造成影响的邮箱和店铺名。

（2）在未获得全球速卖通许可的情况下，中国大陆以外的卖家不得在速卖通平台注册卖家账号；同时，大陆卖家也不能利用虚假信息在平台上注册海外买家账户，如若发现或有合理的怀疑根据，则速卖通平台有权关闭该买家账户，并对相关卖家依规处罚。

（3）对于主动或被动退出速卖通平台不再运营的卖家账户，速卖通将对该账户进行释放；若卖家账户的未经营时间超过一年，平台也拥有关闭账号的权利；同时，对于未通过身份认证或者连续一年没有登录的速卖通或 TradeManager 账户，全球速卖通也有权终止或收回该账号。

（4）对于因严重违规被关闭账户的全球速卖通用户，也不再允许注册新的账号，如若发现，速卖通有权关闭该会员账户。

（5）用户在使用邮箱注册速卖通账户时，将被默认赋予了速卖通验证邮箱的权利，以便保证用户使用的是本人邮箱。

（6）由于全球速卖通会员的 ID 是系统随机分配，因此无法修改。

（7）卖家通过速卖通要求的认证后（支付宝实名认证、身份证认证或其他形式的认证），不论账户是否处于开通状态，都不能再取消绑定的个人身份信息。

（8）对于通过实名认证的个人会员，每个人只能有一个出售商品的速卖通账户（速卖通账户所指为主账户）。

（9）通过认证的企业会员最多可以拥有六个用于出售商品的速卖通账户。

（10）"个人实名认证"或"企业认证"将成为速卖通平台判定会员店铺性质的依据，并以此确定该账户的权责主体。除非速卖通平台许可，或者有明确的法律规定、司法裁定，否则不能以任何方式对会员账户进行转让、出租或出借；如若违反，由会员自行承担产生的一切责任，且平台有权对该速卖通账户进行关闭。

◆ 运营规则

（1）卖家会员需要通过支付宝、个人身份证或者速卖通要求的其他方式进行实名认证，提供包括姓名、地址、营业执照等内容的真实有效信

息,才能在速卖通平台上出售商品。

(2)卖家会员通过实名认证并设置收款账户后,便可在速卖通账户上发布商品;当卖家账户中上架的商品不低于十个时,便可创建店铺,以速卖通店铺的形式出售商品;不过,当商品少于十个时,速卖通平台有权关闭店铺而只保留商品。

◆ 超时规定

(1)买家付款超时

买家下达订单后,若在20天内没有付款或者付款没有到账,则该订单将因付款超时被关闭。

(2)买家取消订单

买家付款成功但卖家尚未发货的这段时间,买家可以申请取消订单。

买家申请取消订单,若卖家与买家商议后同意买家的申请,则订单会被关闭,已付货款也将全额退还给买家;若是卖家不同意取消且已经发货,则订单继续;若直到超过发货期限时卖家都没有进行任何操作,则订单关闭,货款全额退给买家;若卖家只发出了订单中的部分货品,且在超过发货时间后仍没能将全部商品发货完成,则订单关闭,货款全额退还买家。

(3)卖家发货超时

从买家付款成功到备货期间内,若卖家不能按时发货,可与买家商议由买家申请延长卖家备货期,卖家则要在商定的期限内发货;如果卖家在备货期内不能全部发货,则属于卖家发货超时,订单关闭,货款全额退还买家。

(4)买家确认收货超时

卖家声明全部发货完成后,要与买家及时沟通收货情况,以保证买家在卖家承诺的运达时间内确认收货（若卖家承诺的运达时间小于速卖通平台的默认值，则以平台默认时间为准）；若通过沟通了解到买家确实未收到货品，则卖家可延长买家的收货时间；若买家一直没有确认收货，且没有申请退款，则属于买家确认收货超时，该订单视为交易完成。

（5）买家申请退款

卖家声明全部发货后，如果承诺的运达时间小于 5 天，则买家可以在卖家发货后直接申请退款；如果承诺的运达时间不低于 5 天，则买家需要在卖家发货 5 天以后才能申请退款。

◆ **物流规则**

为了保障速卖通平台拥有良性有序的市场秩序，为消费者提供更优质的购物体验，速卖通平台限制卖家使用无法进行信息追踪或投递时效慢的物流，具体物流政策为：

（1）关于卖家发货的物流方式的政策

★美国

对成交金额不低于 5 美元的订单，允许使用标准类物流服务中的"E邮宝"和"AliExpress 无忧物流－标准"以及快递类物流服务；除了特殊类目商品，卖家不能使用其他标准类物流服务或经济类物流服务。

对成交额小于 5 美元的订单，卖家可以使用标准类、快递类和线上经济类物流服务，但不能使用线下经济类物流服务（无挂号平邮）。

★除美国外的其他国家

卖家可以使用标准类、快递类和线上经济类物流服务，不能使用线下经济类物流服务（无挂号平邮）。

（2）若买家选择了物流方式，则卖家发货使用的物流方式必须按照买家的意愿，在买家没有许可的情况下，卖家不得无故更改买家选择的物流方式。

（3）卖家填写的发货通知上的运单号，必须是真实的，且可以被追踪查询到。

3.1.4 全球速卖通平台店铺选品策略

在当前跨境电商竞争愈发激烈的情况下，很多想在速卖通平台上开店的卖家常常被店铺定位和选品问题困扰，不知道应该如何定位店铺、卖什么产品才能在竞争激烈的跨境电商市场中站稳脚跟。

其实，在2015年5月全球速卖通与义乌市政府联合主办的"中国好卖家"助力计划义乌峰会上，速卖通就提出了要打造中国"质造"品牌，即更加注重"质"而非"量"的层面。在买家越来越青睐"小而美"的高品质产品的情况下，打造独具特色的"小而美"店铺显然是速卖通平台卖家的最佳选择。

◆ **速卖通平台店铺运营策略**

相对此前"大而全"的诉求，移动互联时代的用户更加青睐灵活敏捷、符合碎片化和快速变化的场景需求的"小而美"产品。"小"是简单、轻便，符合简便快捷的互联网消费诉求；"美"是专业、精细、高质，满足了人们对高优产品的体验诉求。

新常态下，"小而美"越来越成为商家获取和黏住用户的重要法宝，也是任何店铺或公司做大做强品牌的最佳路径。具体来看，"小而美"店铺的主流运营策略包括：

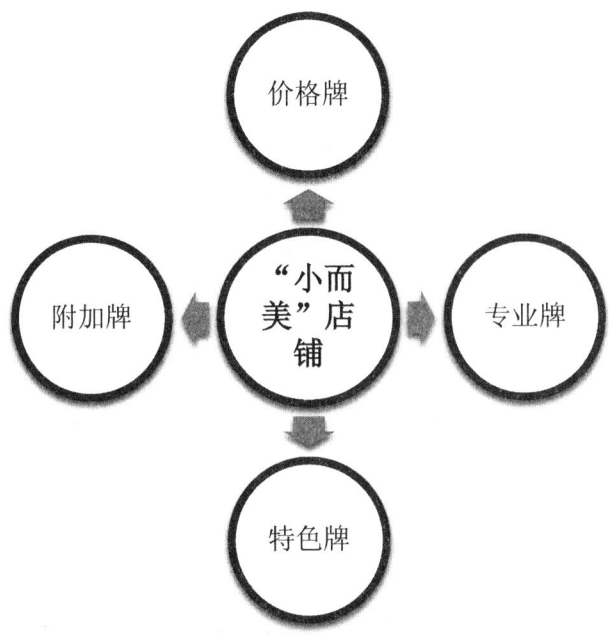

图:"小而美"店铺的运营策略

(1) 价格牌:产品价格依然是买家关注的一个重要内容,因此以价格为切入点来吸引顾客是较为常用而有效的方式。速卖通卖家可以通过平价政策来吸引客户,如打造引流款、利润款产品。

(2) 专业牌:即通过优质的专业化服务赢得顾客的认同和青睐,与客户建立起信任关系。如卖家可以充分利用速卖通平台上的店铺页面来向客户展示其在相应领域的专业化水平。

(3) 特色牌:选择具有特色的商品切入市场,深度挖掘和打造店铺特色,使有相关产品需求的客户首先能够想到自己的店铺,并通过特色商品深度激发顾客的购买欲望。

(4) 附加牌:即通过增加商品种类、店铺美化、附送赠品、优化服务等方式,让消费者感到产品或服务与其他店铺相比具有更高的价值,形成差异对比,从而使客户记住自己的店铺并愿意在店铺中持续购买。

◆速卖通平台店铺的选品思路

速卖通平台上的很多卖家都会遇到单量瓶颈，即每天虽有稳定的订单量，却很难继续增多，店铺规模始终停留在同一个层次，无法开拓新的市场，实现持续发展。甚至这种情况一直得不到改变的话，卖家的单量还可能会下降，逐渐失去已有的市场份额。

速卖通平台上的很多大卖家在遇到这一问题时，常会通过优化原有的供应链系统来拓展发展空间，如打造爆款商品，然后交由工厂定制化生产；降低拿货成本以提升自身利润空间等。而对于刚起步运营的速卖通店铺来说，第一步是选品，可以从以下三个思路出发：

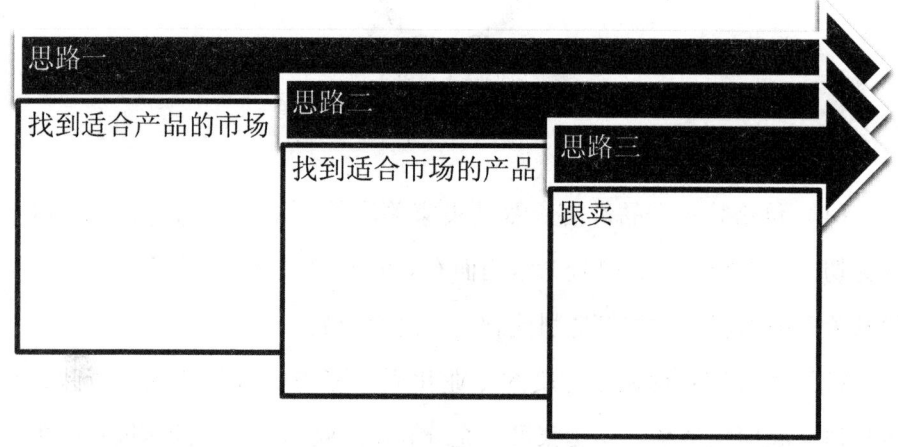

图：速卖通平台选品思路

（1）找到适合产品的市场

传统外贸厂家转型做跨境电商时常会采用这一思路。这些外贸厂商的产品本就是针对国际市场的，因此相对国内货源来说，他们的产品更加符合国外顾客的偏好；而且这些厂家在发展运营中也积累了一批长期合作的老客户。因此，相比其他类型的跨境电商，这些传统外贸工厂一般不用担心库存问题,可以直接将产品放到速卖通平台上。

同时,这些卖家还可以根据在速卖通平台上的相关交易数据,精准定位出单量最多的国家和客户群体,从而对最适合自己产品的市场进行长期深耕和维护;另外,这类卖家还可以借助自己的供应链优势,在速卖通平台上发展高定和批发。

(2) 找到适合市场的产品

即通过对目标市场和客户群体的具体情况进行分析,选出最适宜的产品。比如,俄罗斯轻工业不发达,服装消费在很大程度上依赖进口。若以俄罗斯为目标市场,则可以对不同年龄阶层人群的服装偏好进行分析,以此选出受到当地市场青睐的产品,从而大大提高店铺产品的转化率。

因此,选品就是围绕目标市场客户,根据他们的需要和喜好选择产品品类。就像饮食一样,不同地方的人总有不同偏好,卖家要做的就是根据目标客户的喜好选择售卖的产品。同时,为了更全面精准地了解目标市场的消费需求,卖家最好能利用当地的一些网站去获取更多的市场信息,如在该地区的热销款产品,或者被很多顾客收藏的产品品类,从而使自己的选品更加符合当地的市场需求。

(3) 跟卖

跟卖就是看市场上哪种品类最受欢迎,就在店铺中上架相同的产品,与其他卖家争夺流量。热卖产品的市场较大,因此跟卖对提升店铺流量会有一定助益,不过这是一种"取巧"的选品方式。

如果卖家想要做大做强品牌,还是应该根据热门品类的属性、目标市场客户的特质进行深度选品分析,以借助差异化策略规避热门品类激烈的竞争,打造自身店铺的特色产品和品牌,有效吸引客户的注意力。

◆**速卖通平台店铺选品实战策略**

首先是选品前提,包括自己的兴趣、重量和体积、类目契合度,以及是否侵权等几个方面。

其次是选品方法，包括线上与线下两种路径，线上选品分为站内选品和站外选品，线下选品则包括专业批发市场和合作意向工厂两类。

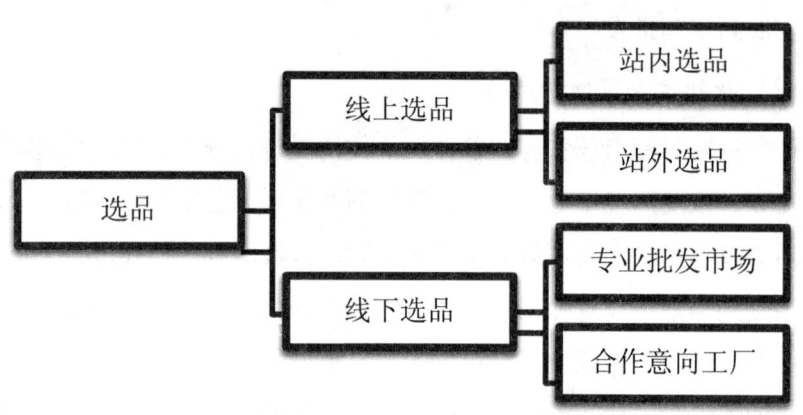

图：速卖通平台店铺选品方法

(1) 线上选品之站内选品

这一方法的优点是卖家容易发现爆款、引流款、平台活动款等对目标客户具有较强吸引力的产品品类，从而使店铺在初期运营时能有效获取流量；不足之处是加剧了平台中产品的同质化现象，使小卖家店铺的成长空间被大卖家严重挤压，从而影响了店铺的整体效益，弱化了店铺的定位效应。

(2) 线上选品之站外选品

watchcount 和 watcheditem 是两个常用的站外选品工具。前一个可以获取某个站点下关键词所对应的产品的销量、标题、售价及类似款等信息，从而帮助卖家更好地进行选品；后者通过展示某个站点下关键词对应的产品款式帮助卖家选品。同时，这两个站外选品工具还有助于刚刚成立店铺的卖家更好地学习产品标题的草拟方法。

(3) 线下选品之专业批发市场

专业批发市场选品与常规的店铺选品具有一些共性，也是结合店铺的定位和市场的货源进行选品。不过对跨境电商商家而言，这种选品方式对资金的要求比较高，而且难以自由控制库存。

(4) 线下选品之合作意向工厂选品

与专业批发市场选品相比，合作意向工厂选品更具有针对性，能够根据店铺的定位预定商品。但与专业批发市场选品一样，这种选品方式也对资金有比较高的要求。

◆ 货源把控

卖家要想打造出"小而美"的店铺，还需要对货源拥有较强的把控能力。一般而言，可以从以下几个方面建立稳定的货源渠道：

(1) 面向订单生产

这种方式有利于卖家把控产品质量以及生产、交货的周期，便于退换货，能有效降低生产成本；缺点是将占用卖家的大量资金，订单批量要求较大。

(2) 与实体店合作

这种方式使卖家不用承担库存压力，降低了风险；缺点是抬升了人力成本，有物流支出，库存不可控。

(3) 大型批发市场批发

这一方式的优点是能为卖家提供丰富的产品品类，且货源相对稳定；不足之处是比较费时费力，对流动资金的需求量很大。

(4) 网上批发

这种渠道能为卖家提供丰富多元的产品品种，进货方便快捷；不过对订量有一定要求,物流成本也较高。

(5) 网上代销加盟

这种方式比较省时省力,产品品种丰富,还可以一件代发货;不足之处是卖家无法把控产品质量,也不易开展售后相关事宜。

3.1.5 全球速卖通平台产品发布技巧

◆ 图片上传技巧

(1) 为了便于统一对图片进行管理,卖家在对图片进行命名时,应该保证其与产品编号保持一致。一般来说,每个产品都应该至少拥有 5 张以上的图片。

(2) 要保证图片的清晰度,最好能充分体现产品的材质、外观、性能等。拍摄图片时,尽量从多种不同的角度来对产品进行展示。

(3) 图片与产品需要保持一致,如果出现色差过大、描述严重不符的情况,很容易被大量的消费者投诉后而遭受速卖通平台的惩罚。

(4) 产品名称、材质、颜色、外观、尺寸、质量、包装及编号等产品属性,都能成为影响消费决策的重要因素,所以与之相关的各种图片都要尽可能地完美。

(5) 图片不要重复出现,可以通过速卖通提供的图片银行来浏览产品图片,确保不会出现重复问题。

(6) 可以通过 PhotoShop 等工具对存在水印的图片进行处理,从而避免出现其他店铺的网址及水印等。

(7) 上传图片时,可以参考 eBay 等国外的购物网站中同品类产品的卖家如何设置图片。

（8）避免出现不合时宜的图片，目前，速卖通平台的用户主要是欧美、澳大利亚及俄罗斯的海外群体，要了解其喜好和文化。

（9）在速卖通平台上传完图片后，还要将这些图片上传到阿里巴巴国际站中。

（10）图片的上传顺序也存在着一定的技巧，首先要上传横竖各一张的尺寸图，接着上传正面图、剖面图及背面图，然后依次上传包装图、附带条形码的背面图、卡片图及纸箱图等。

◆ **产品关键词设置技巧**

（1）关键词需要确保与产品存在着密切的关联。

（2）最好能结合当下比较流行的热门词汇。

（3）关键词要与海外用户的搜索习惯保持一致。

（4）确保关键词有足够的曝光度，除了产品标题以外，还可以借助产品简要描述、设置自定义属性及产品详情页等方式来对产品关键词进行强调。

（5）关键词优化，通过多种方式及渠道来获取与产品相关的关键词，从而为制定效果更佳的关键词提供重要参考。

3.1.6　全球速卖通平台产品运营实战

◆ **产品选择范围**

理论上，在互联网中可以销售所有的商品，无论是实体产品还是虚拟产品。但受目前的通信技术、信任机制及物流运输等方面的限制，一些产品并不适合在线上进行销售。通常情况下，卖家入驻速卖通平台时，可以

选择销售以下几种产品：

(1) 存在大量潜在消费群体的名牌产品；

(2) 易于进行物流配送的产品；

(3) 市场规模较大的产品；

(4) 易于通过在网络中获取相关信息并进行消费决策的产品；

(5) 存在大量需求的刚需产品；

(6) 科技含量较高的产品；

(7) 通过线上渠道营销具有明显成本优势的产品；

(8) 不容易开设线下门店的产品。

◆**产品选择考虑因素**

(1) 要充分考虑所选产品与网店定位一致

选择产品时，最为关键的一个因素就是所选择的目标产品与开设的线上网店的定位及风格保持一致。如果是针对高端目标群体的红酒网店，就需要在包装、产地、年份等方面予以重点强调；如果选择销售人们经常使用的日用百货产品，就需要尽可能地扩大产品品类，争取提升网店在速卖通中的曝光量，从而吸引更多的用户流量。

(2) 要充分考虑自身产品性能

在信息经济学维度上，产品被分为两种：其一是消费者在进行消费决策时，就能够对产品品质进行评价的可鉴别性产品，比如，从硬件配置方面就能确定其性能及品质的智能手机、笔记本电脑等；其二是只有消费者在使用或者体验后，才能确定其质量的经验性产品，比如食品等。

此外，还可以将产品划分为个性化产品及标准性产品，服装就是一种典型的个性化产品，而电子类产品则是典型的标准性产品。通常情况下，标准性产品及可鉴别性产品更易通过电商渠道大幅度提升销量，而个性化产品及经验性产品在线上渠道的销量会受到一定限制。

（3）要充分考虑产品的营销区域范围及物流配送体系

诚然，电子商务的出现打破了时间与空间的限制。但在实际运营过程中，商家却不得不考虑自身产品所辐射的市场范围，从而尽量避免地处偏远的消费者在购买后出现物流配送服务不到位等问题。对目标市场进行一定的地域限制，可以有效控制物流成本，减少不必要的用户投诉，通过保持较高的服务体验来维护自己的品牌形象。

◆ **产品分类展示策略**

跨境电商商家在对产品进行分类展示时，需要严格按照入驻平台对产品分类的规则进行划分。全球速卖通平台存在着以服装、3C及日用百货为代表的主营产品，因此官方给予了十分明确的关于这些主营产品的分类方法。而商家销售的那些比较小众的产品，可以选择将其划分至与其相近的产品类目，从而有效提升产品的曝光率。

◆ **产品上架策略**

产品上架也并非是一个简单的事情，如果想要提升产品销量，就必须结合产品上架组合、上架频率及上架时间来制定出正确的上架策略。

（1）产品上架组合

具备一定关联性、能够在功能上进行互补的产品，以及同一系列的产品，可以作为一种组合而一起上架，比如，笔记本电脑就与鼠标、键盘等外设具有较强的关联性，而且主打功能不同的笔记本也分别对应着相应类型的外设产品，将其同时上架可以有效带动产品销量。

（2）产品上架频率

产品上架也存在着一个周期性问题，每天都更新新品或者几个月才更

新一次产品都不是明智的选择。卖家需要及时补充那些热销的产品，而且平台通常会设置产品上架时长，当达到期限时，产品会自动下架，因此卖家需要通过及时的调整来保证上架产品的品类能够吸引消费者。

（3）产品上架时间

产品上架时间也是影响产品销量的一个重要因素，较为理想的时间就是网民们线上购物相对集中的时间，需要注意的是，**跨境电商的卖家必须考虑不同地域的时差问题**。此外，对某些产品而言，其最佳的上架时间也有可能会出现在较为特殊的时间节点，平时卖家可以多关注平台发布的用户调查报告、市场分析数据来了解不同产品的销售时间。

◆**产品包装策略**

与线下门店所不同的是，消费者在线上购物只能通过文字、图片及视频等信息来了解产品的外观、参数及性能等，无法真正体验产品，此时产品的包装就显得尤为重要。通常情况下，人们在收到线上卖家发送的产品时，对其产生的第一印象很大程度上依赖于产品的包装，如果产品的包装较差，产品形象在消费者心中的形象将会大幅度下滑。

为了体现自己的产品在包装方面的优势，卖家可以在网店中通过图文及视频来对其进行展示。事实上，在商业领域中关于产品包装存在着一个约定俗成的规则：简易而随意的包装通常意味着产品品质较低；而高档精美的包装则意味着产品有着更高的品质及文化内涵。

3.1.7 全球速卖通平台店铺推广技巧

◆**发布足够的产品**

在网店发展初期，商家通过上架更多的产品来提升其曝光率是一个不错的选择。电商平台发布的研究数据表明,产品数量达到 200 多个的网店是数量不足 200 的网店曝光率的 1~3 倍,产品品类较为丰富的网店更容易达成交易。

此外,卖家在上架产品时要尽量避免一次性将新品全部上传,可以将其按照一定的产品组合分批次上传,从而保证网店内拥有足够多的新品。

◆ **橱窗推荐位的使用**

合理的使用平台提供的橱窗推荐位是线上卖家有效提升产品曝光率的有效手段。橱窗推荐位的数量和卖家的信用积分及销量存在密切的关联,展示在橱窗推荐位中的产品应该是卖家的代表性产品。当消费者发现了让他们感兴趣的产品时,他们才会进入你的店铺去浏览。为了吸引消费者的关注,推荐位中的标题要设计得清晰而简洁,合理选用关键词,并通过精美的图片来突出。

◆ **参与平台产品推荐活动**

速卖通官方也会定期为入驻商家提供各种各样的产品推荐活动,从而让商家对自己的产品进行有效推广。据官方发布的数据显示,经常参与各种平台产品推荐活动的商家要比普通商家多出 30%~200% 的曝光率,产品销量明显更高。

◆ **巧用图片银行管理商品图片**

图片银行是速卖通官方为广大卖家提供的一种对产品图片进行集中管理的有效工具。卖家可以在图片银行中对图片进行集中上传、搜索、分组、编辑等。当卖家的产品图片随着时间的增长而不断积累时,图片银行的功能将得到更好的发挥。

◆ 善用动态多图功能

优质而精美的图片所带来的强大冲击力是商家能够吸引消费者的关键所在。速卖通提供的动态多图功能可以让卖家为自己的每款产品上传1~6张图片，并进行动态展示，从而更加有效地吸引大量消费者的关注。

◆ 使用产品互链工具

产品互链工具是指在产品的信息展示页面中添加其他产品，从而让消费者在浏览该款产品时能够进入另一款产品的展示页面。通过产品互链工具，商家可以有效提升产品曝光度，从而最大程度地满足消费者的多元化及个性化需求。

◆ 利用产品邮件推送工具

产品邮件推送工具是速卖通平台为供需双方提供的进行有效沟通的渠道，当用户订阅了邮件推送功能后，每周都会收到平台发送的优质产品及高信誉卖家的相关信息。卖家通过使用邮件推送功能，可以推荐消费者来订阅自己的店铺及产品信息，在上架新品或者进行优惠促销活动时，能够及时收到通知。

◆ 精确的优化描述与标题

店铺中产品的介绍及标题的设计要做到简洁明了，尽量采用图文结合的形式，避免消费者的视觉疲劳。海外消费者更喜欢简洁、朴实、真诚的描述方式，这就要求卖家在进行产品描述时，要控制篇幅，通过关键词来展示产品的特征。

3.1.8 全球速卖通平台客服工作流程

◆客服业务员每日工作流程

(1) 查看订单

★给下单的用户留言,对其购买本店的产品表示感谢,并且向客户说明何时发货、预计几天可以送达等,从而更好地获取用户的信任。

★在查看用户留言后,认真填写《发货通知单》,确保消费者购买到满足其需求的产品。很多消费者在购物时,会向商家留言来对自己想要的产品颜色、型号、款式及配送方式等进行说明,卖家要尽可能地满足这些用户的个性化需求,即使无法实现,也要及时通知客户。

★确保客户姓名、目的地、发货方式及申报价值等数据准确无误。此外填写报关金额时,要格外注意。

通常情况下,发往美国的快件如果重量不足3kg时,报关价格在50美元以下,绝大多数位于5~30美元之间。而发往澳大利亚的包裹通关价格在1000美元以下即可,但需要特别注意的是,木制品及动物羽毛类的产品很容易被澳大利亚海关扣留,而且尽量不要用DHL发送这类产品。

德国海关部门对我国的产品监管十分严格,在报关时需要格外注意,配送时不要使用DHL及其旗下的德国EMS。报关金额应该设置在20欧元以下,质量不足0.5kg的设置为5欧元即可,较重的产品可以设置为10~20欧元。

拉美地区的报关金额通常在50美元以下,挪威及芬兰的报关金额一般设置为30美元以下,波兰地区则在20美元以下,丹麦尽量保证在13美元以下。此外,对于那些对物流时效要求较高的俄罗斯及新西兰客户,尽量不要使用EMS。

★《发货通知单》要在最短的时间内送到发货员手中,如果准备发出的货物货源出现较短的延迟,可以向发货员询问运单号后,先在线上发货。

★订单发货后,要立即在线上更新发货状态,并及时通知客户。

★通常情况下,通过快递公司发货达到一周或者使用中国邮政小包发货一个月后,货物尚未到达时,要帮助客户对货物状态进行追踪,并将相关信息及时告知客户。

★在货物到达目的地海关时,通知客户前往指定地点取货。

(2) 查看客户留言

在速卖通平台中,官方系统不会对阅读后的消息进行记录,所以卖家要自己对留言的客户进行记录,从而尽可能地帮助每一位消费者解决问题。对留言的客户进行追踪,直到客户回复留言。客户可能不会每天都登陆速卖通,为了让客户尽可能地及时收到回复,可以在为其留言的同时,向客户发送邮件。

(3) 查看客户评价

养成每天查看用户评论的习惯,并且尽可能地回复用户的评论,那些中评及差评尤其要重点回复。除了在评价后台回复以外,订单后台及客户邮箱也要回复,通过与客户进行交流沟通,解决客户的问题。

卖家需要注意的是:在评价后台,对每一条客户评价只能回复一条留言,客户修改评价也必须在一周之内更改。如果超过一周,可以让客户向官方邮箱(buyer@aliexpress.com)发送邮件申请修改。

(4) 及时跟踪包裹物流

★如果客户邮件出现未妥投的情况,要及时联系客户,告知客户携带运单号前往当地快递公司网点寻找自己的包裹。当客户无法在规定时间内收取包裹时,可以延长收货时间。

★当包裹被扣留时，可以让客户及时与当地海关部门进行沟通，客户需要向海关部门提供交易账单、物流运单等。

★当客户询问包裹信息时，卖家要为他们提供相关的网址及物流信息，如果能查到物流信息可以建议客户耐心等待，如果超过40天客户仍未收到包裹，可以让客户去当地的快递公司查询，因为在某些国家发出的航空小包到了国外后物流信息就不会更新了。如果还是没有，应该与客户协商解决办法，通常的处理方式就是补发或退款。

★当客户收到包裹后对商品不满意时可以让他们拍几张清晰度较高的图片，如果确实商品出现问题，可以为他们重新发货或者退款。

★当客户收到包裹后，发现商品数量不够时，要让分拣人员对包裹信息进行确认，查询发货信息，如果确认出现问题，可以建议在客户的下一个订单时补发，这样可以减少快递成本。

★包裹被拒收时要及时与客户取得联系，并根据发货成本选择退款或者补发。

★有时客户收货后会忘了及时进行评价，此时卖家要及时与客户进行联系，并尽可能地让客户给予好评。

★定期对包裹进行抽查，核实工作人员是否按照要求发货。

◆ **发货员工作流程**

（1）发货员在收到电商平台发出的《发货通知单》时，要仔细确认包裹的要求、发货方式及发货时间。如果仓库中有货要尽量在最短的时间内发货，缺货时要通知采购人员及时采购。当采购人员在规定时间内无法采购货物时，要及时与上级部门进行沟通，可以选择先在线上发货或者为客户退款。

（2）在包裹打包之前，务必要仔细检查商品的数量、颜色、质量是否符合要求，对一些容易损坏的商品打包时，要格外小心。

(3)认真填写客户姓名、收货地址、申报价值等相关数据,通常报关单上的品名一栏填写"handcraft"。

(4)严格遵守交货时间,尽量在最短时间内让顾客收到货物,当出现顾客购买的产品出现缺货时,可以让客服人员与其进行沟通,建议其延迟收货或更换其他款型。

3.1.9 速卖通平台物流选择与运费计算

按照区域进行划分时,速卖通平台中的消费者主要分布在北美的美国、加拿大,南美的阿根廷、巴西,欧洲各国,大洋洲的澳大利亚及中东地区的以色列等。此外,像印度这种存在大量人口的市场,虽然目前并未为速卖通提供主要的用户流量,但庞大的人口基数及快速发展的经济也决定了其未来将会为卖家创造大量的收益。

◆ 物流选择

速卖通中的卖家可以选择的物流主要包括邮政、商业快递、专线物流等。目前商家选择的物流主要是邮政物流及专线物流。

邮政物流主要包括:E邮宝、香港邮政小包、新加坡邮政小包、中国邮政平常小包、中国邮政平常小包+等。专线物流则有速邮宝、中俄航空、中东专线及燕文航空专线等。

选择物流方式的要点是考虑这些不同的物流方式对快件采取的不同收费政策,货物的重量、体积、形态等因素都会对物流费用产生一定的影响。在卖家明确了不同物流方式的相关要求后,可以通过制定物流组合方案来对成本进行优化。

需要注意的是,由于物流时效方面的问题,卖家如果向东欧及非洲发货时,尽量不要选择新加坡邮政小包。如果邮政物流中有专线时,尽量选择专线物流。事实上，邮政小包发货物流成本较低，但与商业快递相比，其发货速度明显处于劣势。

◆ **包邮运费计算**

电商平台中许多卖家会通过包邮方式来吸引消费者，但对跨境电商而言，邮费也是一笔不小的支出，所以卖家在制定包邮产品的价格时需要进行综合考量，确保不亏损的同时，还能保证价格具备较强的竞争力。制定产品价格时，卖家需要考虑以下几个方面的因素：

（1）产品成本

（2）产品的质量与体积

这不但要考虑产品本身，产品包装所造成的质量及体积增长也要计算在内。

（3）物流运费

主要包括国内物流费用、国际物流费用及挂号费用；根据运营经验，可以将物流运费的价格定为120元/千克。如果是按照中邮小包进行配送，速卖通的几大热门市场的配送价格通常不会高出这个价格。

而如果超过这个价格太多时，可以选择性价比相对较高的新加坡邮政。通常情况下，专线物流的价格通常不会超过110元/千克，由此可见，选用120元/千克这个价格基本可以保证卖家不会在物流环节上亏损。

（4）利润率

普通产品的利润率通常为20%，那些为了吸引用户流量的产品利润通常较低，而那些超高人气爆款品牌的利润会更低，有可能是按照成本价甚至赔本销售。

（5）其他费用

人民币对其他币种的汇率会出现波动，平台会从交易中抽取部分佣金等，都会给商家带来额外的费用，所以在制定产品价格时也应该将这部分费用考虑在内。

3.2　eBay 平台运营基础与实战策略

3.2.1　eBay 平台发展历程及特点

1995 年 9 月，国际知名电商平台 eBay 在美国加州硅谷正式成立，它不但在电商平台运营方面积累了丰富的经验，在支付领域同样拥有较强的领先优势。

★eBay 平台可以让世界各地的人们通过互联网参与到电商交易中来。

★eBay 旗下的 PayPal 支付工具能为个体及企业级用户提供方便快捷、安全高效的电子支付服务，目前 PayPal 已经完成独立上市。

★服务与企业级客户的 eBay Enterprise 可以为全球商家提供电商平台、订单管理、运营管理、市场推广等多种类型的服务。

★eBay 旗下的全球最大票务平台 StubHub 与社区分类广告平台 eBay classifieds 拥有数百万名活跃用户，其业务范围覆盖了全球超过 1000 座城市。

第 3 章 跨境电商多平台运营：策略、技巧、工具、实战

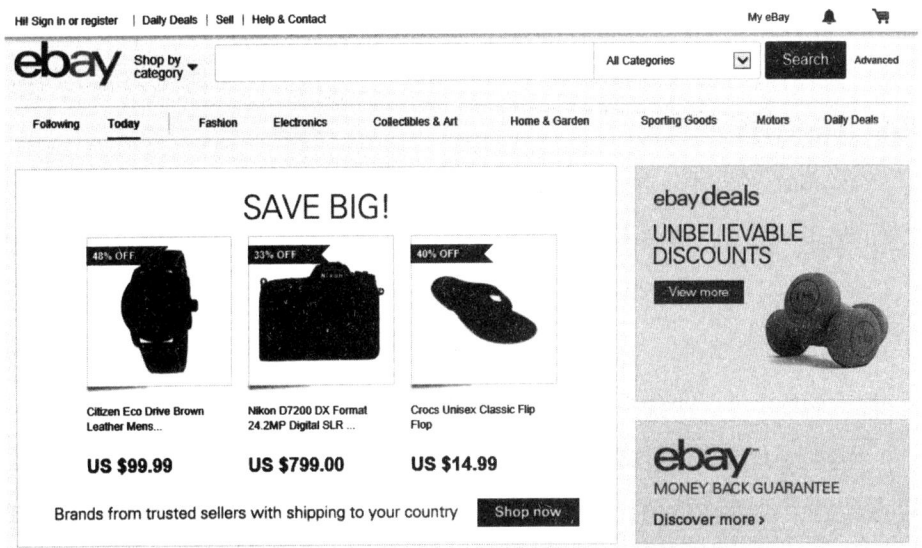

图：eBay

eBay 作为电商巨头之一，为广大消费者提供来自世界各地的优质产品。据统计，截止到 2015 年 9 月，eBay 用户广泛分布在全球超过 190 个国家及地区，活跃用户数量达到 1.52 亿，拥有超过 8 亿件商品，入驻卖家高达 2500 万。而支付平台 PayPal 拥有活跃用户 1.57 亿人，其业务覆盖了全球 193 个国家及地区，可以支持 26 种货币的交易支付服务。

在中国市场，eBay 不但为广大消费者提供优质商品，而且为广大卖家提供跨境电商平台服务，使中国卖家可以将自己的商品销往世界各地。在 eBay 电商平台及 PayPal 支付平台的支持下，数万个中国商家每年创造价值数十亿美元的交易额。

为了给中国商家提供更为优质的服务，eBay 组建了专门为跨境电商交易提供服务的团队，可以为商家提供业务指导、外贸培训、跨境交易认证、**物流服务解决方案**等多种服务，从而可以让中国卖家在全球范围内开展电商交易。

PayPal 借助于在全球范围内的影响力及多年发展积累的关系网络，来

帮助中国商家积极扩大海外市场，并为其提供品牌背书。它使中国的广大中小商家能够轻易完成建立网店、线上推广、在线支付及跨境物流等与跨境电商相关的各个环节。

在 eBay 平台中，中国商家的主要市场是电商贸易相对成熟的市场，比如美国、德国、英国及澳大利亚等，这些地区的消费者对电商认可度较高、购买力较强、注重购物服务体验、对产品品质及生活质量有着较高的要求，更为关键的是，这些地区的物流配套设施相对完善，要想获得这一消费群体的认可，不但要提供优质的产品，还要提供极致的购物服务。

对印度、马来西亚等新兴市场而言，虽然其电商群体保持高速增长，存在着巨大的潜在价值，但由于其政策、语言、文化及市场等方面带来的阻碍，造成商家在单笔交易上要投入极高的人力及物流成本。

eBay 平台上产品品类十分丰富，无论是奢侈品牌，还是大众品牌，消费者都可以根据自己的需求选购合适的商品。近年来，海外仓储运营模式的兴起，更是使 eBay 平台中的中国卖家迎来了重大发展机遇。

国内商家在海外建立仓储中心后，可以有效降低物流成本，缩短物流周期，完善售后服务等。即便是那些质量及体积较大的家居及家电产品，也能在短时间内送到消费者手中，使中国卖家可以经营的产品品类及盈利能力获得极大提升。

3.2.2 eBay 平台运营发展趋势

跨境电商零售出口行业在 2015 年获得了快速发展，与此同时，传统出口市场的发展速度放缓，国内市场需求呈疲软状态，在这种情况下，跨境电商零售出口行业的迅猛发展聚焦了众多目光，不少业内人士认为该领域蕴藏着巨大的发展潜力。

然而，很多跨境电商经营者将整个 2015 年获得的营收，减掉因商品推广、货物运输、售后服务及各种运营所消耗的成本之后，最终得到的利润距离人们依据行业发展热火朝天的局面所推测的结果还差很远。

eBay建立后，始终秉持通过各方面服务的提供，帮助商家提高盈利能力、与商家共同发展的原则，在商家利润增加的基础上，eBay才能扩大投资，突显自身的优势所在，维持自己的市场竞争地位，并提高持续发展能力。因此，eBay为商家的品类延伸、市场拓展、跨境物流等多方面提供支持，为商家的规模扩张提供便利。

进入2016年后，依据eBay制定的未来发展规划，商家应在发展过程中注意以下几个问题，抓住机会，为自己开辟发展道路。

◆ 深耕主要的出口目的地市场

对国内商家而言，欧美地区在海外市场中占据相当大的比例。在2015年9月至12月期间，国内跨境电商企业的业务增长速度很快，其中，美国、澳大利亚、德国、英国作为eBay的重要站点，为我国跨境电商企业的发展做出了重要贡献，最明显的是英国。

这几个海外市场已经成为我国出口电商企业重要的根据地，不仅能够为商家带来巨大利润，开发难度也相对较小，发展比较成熟，而且拥有巨大的发展潜力，因此我国出口电商企业要继续在这几个市场深入拓展。

国内的eBay团队与该平台的海外服务站点保持着密切的联系，国内商家在面向海外市场运营时，能够获得各方面的支持，比如商品供应、用户吸引、客户管理及维护、货物配送等。举例来说，针对美国市场的"每日特卖"项目（eBay Deals）受到许多消费者的欢迎，但是，该项目对我国的跨境电商企业设立了较高的门槛，不容易进入。随着国内团队与当地站点合作关系的深入，进入海外市场特卖活动的中国商家逐渐增多，扩大了他们的销售渠道。

据统计，我国在2015年通过海外特卖活动完成的销售额达到上一年的4倍,在今后的运营中,将会有更多中国商家入驻eBay平台的海外市场特卖项目,通过这种方式出售的商品种类也会趋向于多样化。

◆不能忽视增长潜力巨大的新兴市场

在我国传统外贸领域的长期发展过程中,多数外贸企业在美国、澳大利亚、德国及英国等海外市场的运营相对稳定。这些海外国家的消费水平较高,人们的消费行为遵守一定的标准,并且对产品质量与整体购物体验有着更高的门槛。

在产品质量有保证、发货及时的基础上,很多海外消费者不在意产品价格在一定范围内的提升。所以,为了增加自身的利润获得,已经在这几个海外市场有所发展的外贸企业,需继续进行市场开拓。

除了以上几个海外市场,近年来,意大利、法国、西班牙等西欧国家对海外商品的需求量也在迅速上升。另一方面,为了解决针对南美市场(以智利、巴西及墨西哥为代表)的货物配送问题,eBay的专业物流团队会实施新型物流运营模式。

当物流问题不再是跨境电商的阻碍因素,我国的跨境电商企业在几个南美国家的利润空间会进一步提高。除了美国、欧洲以及南美市场,以印度、韩国为代表的亚洲市场也在迅速发展阶段,国内出口电商企业应该抓住机会。

◆利用大数据帮助拓宽品类

商家可以通过丰富商品经营品类,来增加营收。虽然我国的出口电商企业在2015发展得十分迅速,但多数商家经营的商品种类都比较集中,且这些品类在总体市场中的占比不高。eBay涵盖的品类在50000种以上,若将所有站点的品类都统计在内,则多达20多万种。

然而,国内企业经营的品类之间没有明显的差异,为了生存下去,与同类企业展开激烈的市场争夺战。商家集中经营的几个品类因市场需求较大,销售规模也很高,所以吸引了众多企业的加入。除此之外,还有很多品类是国内商家很少涉及或根本没有涉及的。

如今,随着国内电商企业的运营逐渐成熟,一些公司着手尝试之前没有能力经营的品类。与此同时,海外仓的应用也为国内商家的跨境经营带来了极大的便利,有助于商家的品类拓展。在未来的发展中,随着海外仓的管理逐渐成熟,商家的经验积累也更丰富,对商品备货时间、资金需求量等能够做到胸有成竹,商品种类也会更加丰富。

如今,商家可参考 eBay 平台的数据资源进行品类拓展,同时还能通过 eBay 提供的多样化数据服务与先进的技术分析工具,对当下市场上的各个商品种类的销售状况进行分析,筛选出市场需求较大的且具有开拓空间的商品种类。

并且,eBay 不同站点之间将共享信息,为商家提供更周全的服务。那些通过海外仓运营的商家,在决定经营品类之前,可通过 eBay 平台把握目标市场的运营规则。

◆ **寻求多元的物流解决方案**

在国内跨境贸易的长期发展过程中,物流方面的短板一直存在,不仅给企业发展带来阻力,也降低了消费者体验。商家及用户无法追踪货物运输情况、包裹容易丢失、中途损耗大等各方面问题影响了企业的跨境贸易,使其在竞争中处于弱势地位。

eBay 平台在今后的发展中,会在物流环节倾注更多的精力,改善消费者的物流体验,同时针对海外目标市场推出多种物流方案,更好地满足海外消费者的购物需求。

举例来说,该平台与专业物流企业合作,于 2016 年开始实施新型物流方式"易递宝",能够对货物运输动态进行实时监测,服务范围在原有基础上进一步扩大。另外，还有针对澳大利亚市场的 UBI 智能包裹，以及面向德国市场的 DHL 包裹等，可查询包裹状态，支持自动通知。

除了上述物流方案之外，还有早期推出的"e 邮宝"、海外仓存储以及针对海外市场的专线物流等，商家可根据自己经营的商品种类以及消费者对货运时间、物流成本等方面的要求来选择合适的跨境物流方式。

◆合理使用海外仓

2016 年 eBay 卖家业绩的额外成长，海外仓占了很大一块。运用海外仓的人越来越多，已经用海外仓的人也在设更多的仓。海外仓引用成熟以后，卖的品类更多，给买家的服务和体验也更好。

前两年卖家用海外仓，还经常面临各式各样的问题。到 2015 年，海外仓的成熟度越来越高，产品的输送链和价值链都有很大的改变，给业务带来了极大的增长。未来，海外仓还会在跨境电商运营中发挥更大的作用。

◆充分使用高附加值的服务

当商家的业务运营达到一定规模后，为了获得持续性的发展，就要提高企业的融资能力，加快资金周转。在这方面，eBay 平台联手专业金融公司，为商家提供相关服务及支持。

进入 2016 年后，该平台继续在金融服务方面发力，并和 PayPal 达成深度合作关系，为入驻平台的商家提供资源，解决他们在资金运转方面遇到的问题。与此同时，eBay 还会逐渐完善自身的政策体系，为商家运营提供便利条件。

◆提升运营效率

很多商家的利润主要来源于商品售价与运营成本之间的差额，但很多情况下，仅商品本身的成本消耗就占据全部运营成本的3/5以上，当出现这种情况时，若汇率波动不大，商家还有利可图，如果汇率变动幅度较大，商家的利润空间就会大大缩水。例如，进入2015年后，欧元的汇率在短时间内持续下跌，使很多依靠差额盈利的企业被市场淘汰出局。

随着行业整体的进步，企业的成本构成应包含更多的环节，除了商品本身的成本之外，还应将其他方面，比如人工成本、配套服务、运营过程等包括在内。通过这种方式来提高商品的价值含量，进而扩大经营者的利润空间，提高其竞争优势。

所以，为了增加自己的营收，商家应该采取措施加速企业运转并提高效益。通过完善信息技术及数字化建设，为产品的储存及管理、产品供应、具体销售情况分析、货物配送及运输情况的监测等提供技术支持，利用智能化应用代替人工来开展业务运营，优化操作流程。在今后的发展过程中，逐渐扩大信息化技术的覆盖范围，推动企业的发展。

◆ **追求品类的独特化**

eBay平台面向各个市场的商品种类达20多万种，但中国的出口电商企业只是集中于其中的一小部分，很多品类都没有尝试。海外仓的应用，促使国内商家经营的商品种类不断向外延伸，比如这几年eBay平台上成长迅速的家居产品、汽车配件等。

除此之外，办公类产品及工业产品的需求也在短时间内迅速上升，这类产品售价高、利润空间大，对这些产品的运营，能够推动中国商家对自身品类结构的调整与完善。

还有一点非常关键，那就是，商家在进行品类筛选时，切勿跟风随大流，扎堆于多数经营者看好的商品种类。在品类筛选过程中，要考虑自身的经营状况、现有资源、商品供应等因素，开展深度经营，突出差异化特征。

随着发展，跨境电商的竞争焦点，将逐渐从价格比拼转移到其他方面，品类独特性将占据更加重要的地位，海外市场的成长将发挥重要的推动作用。

◆ 关注 eBay 全球平台的重点方向

（1）实施公平、公正、公开的新政策

进入 2016 年后，eBay 平台着手推出一系列新政策，旨在为商家及消费者提供公开、公正、公平的平台服务。

与以往政策模式不同的是，新政策实施后，经营者将在账号表现方面占据更加主动的地位，这样一来，可以有效避免因消费者主观评价给商家带来的不利影响。另外，物流环节的评价将以商家本身的努力程度为主导因素，比如消费者付款后商家接单的速度，为消费者提供的物流跟踪提示信息是否完善等，不会因天气等外界因素导致的物流延期对商家的账号表现给予差评。

（2）利用识别码提高产品的搜索率

eBay 平台规定，经营者需填写产品识别码，否则平台将不允许商品上架。平台运营方通过这种方式使消费者能够更加方便地通过搜索引擎找到相关产品，提高其平台推广效果。今后，该规定的实行范围也会逐渐拓宽，商家应做好准备工作。

（3）eBay 的移动应用将提供更加优质的服务

如今，许多电商服务平台都在进行服务体系的改革，eBay 为了提高服务质量，将改革重点放在移动应用方面。eBay 开发的移动应用可适用于多个终端，包括手机（安卓系统及 IOS 系统）、平板电脑，虽然终端不同，但 APP 的版本是一样的。

统计结果显示，到 2016 年 2 月，eBay 的 APP 下载规模已经突破 3

亿。同时，商家在移动应用平台展示的图片质量需符合平台标准，还要根据要求注明商品属性，保证移动端用户能够享受优质的服务。

（4）注重与搜索引擎及社交媒体的联合

通过搜索引擎及社交媒体吸引用户关注，是eBay在今后发展过程中的重点方向之一。该平台始终关注流量引入，并在这方面进行了大量投资，如今，随着社交媒体的迅速发展，eBay与社交媒体的合作也会更进一步。

3.2.3 eBay平台账号注册流程

eBay虽然在全球电商平台中具有极强的影响力，但其对入驻商家却并未设置过多的限制。当然，与所有的电商平台一样，eBay中的卖家也需要注册一个用以进行交易的账号。但卖家需要了解的是，由于注册主体存在的差异，相应的卖家账户也有所不同。

◆ **eBay卖家个人账户注册**

（1）第一步：注册eBay交易账户

登陆eBay官方网站后，点击页面上方的"注册"按钮，接着网站会跳转至注册页面，卖家根据自己的要求，设置账户名及密码等，按照提示真实地填写每一项资料。确认无误后，再点击"确认"按钮，然后eBay官方会向你填写的联系邮箱发送一封用以激活账号的邮件。登录邮箱并对确认信息进行确认后，会提醒你注册成功，并跳转至eBay的欢迎页面。

图：eBay 官方网站

此外，卖家还需要对 eBay 账户进行认证，一般可以选择使用手机号或者双币信用卡进行认证，其中使用后者进行认证时，eBay 将会先收取 10 美元的押金，并在次月退还。

（2）第二步：注册 PayPal 资金账户

登录 PayPal 官方网站后可以选择注册不同的账户类型，而想要进行跨境电商贸易的卖家应该选择"商家账户"，这种账户能够进行线上购物及销售商品。按照注册页面的提示填写完资料后，再点击确认按钮即可完成 PayPal 账户注册。与 eBay 账号一样，PayPal 也需要进行认证，认证时可以选择使用借记卡或者双币信用卡进行认证。

图：PayPal 官方网站

（3）第三步：绑定 eBay 账户与 Paypal 账户

登陆刚注册的 eBay 账户，然后点击页面上方的"我的 eBay"按钮，然后点击"PayPal 账户"，再选择"连接到我的 PayPal 账户"并输入账户及密码即可完成绑定。

注意事项:

★ 注册账户时,一定要保证资料的真实性。

★ 使用163、Hotmail等在全球范围内都能使用的邮箱,以便于接收各个地区的用户及eBay官方发送的电子邮件。

★ 申请一张双币信用卡并为其开通网银功能。

★ 完成跨国认证后,再正式营业。在进行跨国认证时,通常需要个人的身份证、照片、住址证明等。

◆ 企业账户的注册流程

图:eBay平台的企业入驻通道

(1)提交企业的相关资料,接着需要花7个工作日的时间等待eBay客服人员进行审核,如果超过2周时间还未回复则证明审核未通过。这种方式仅适用于尚未注册过eBay账户的企业级客户。

(2)直接与eBay客服人员进行联系,用发送电子邮件或者打电话的方式，向其表明你想要申请企业账户的意图，为你服务的客服人员将会为你提供注册所需的资料及详细步骤。

◆ **成功注册后商品的刊登**

注册完成后，首先需要将自己销售的商品在 eBay 平台上进行刊登。刊登的目标是为了尽可能地让消费者了解你的产品，所以在描述过程中，要确保表述详细、真实、可靠，从而让买家对你的产品有一个正确的期望值。通常来说，当消费者对商家的产品了解程度越深时，就不容易对购买的商品产生较大的心理落差，从而更容易取得消费者的一致认可。

3.2.4 eBay 平台选品实战策略

对于入驻 eBay 的中国卖家而言，产品品类控制及主营产品的定位将会十分关键。卖家首先要做的是了解自己的目标市场，比如，了解 eBay 平台中各大品牌的产品销量，并搜集相关资料来分析市场及竞争对手，从而认识到自己的优劣势。为了确保产品描述的精确性及应对前来咨询的买家，商家最好首先选择销售自己熟悉的产品。

产品的质量及性价比会对产品的销量产生重要影响。在保证产品品质的同时，还必须严格遵守 eBay 规定不能出售侵权商品。这就提醒卖家在选择商品时格外注意，以免自己的店铺遭受惩罚。此外，由于海外某些地区对来自中国的进口产品存在着一定的限制，卖家也需要在这方面予以足够的重视。

卖家要对跨境物流服务解决方案有一定的认识，在了解不同物流方式特征的前提下，结合用户需求及物流成本选择更加有利的跨境物流方式。物流环节对电子商务而言十分关键，国内卖家要尽可能地降低物流周期及物流成本，争取为广大海外消费者带来优质的购物体验。

当然，要想提升自己的产品在海外市场中的销量，卖家需要对目标市场及用户群体进行调查，了解当地群体的消费需求及购物习惯，通过策划一些营销活动来尽可能地提升产品销量。

◆选品决定因素之一：市场

据 eBay 官方公布的数据显示，目前 eBay 大中华地区的跨境出口电商卖家交易额最高的几大产品品类主要包括：电子产品、时尚产品、汽车配件、家居产品等。

在电子产品中，智能手机、电脑的交易额处于明显领先优势；在时尚产品中，服饰、珠宝及手表产品最为火热；在家居产品中，安保系统及家具交易额较高；而灯具则是汽车配件品类中成交额最高的产品。当然，在更为细分的市场中，消费者青睐的产品品类及品牌等都存在着一定的差异，这需要卖家能够及时掌握这些不同市场中用户的消费需求。

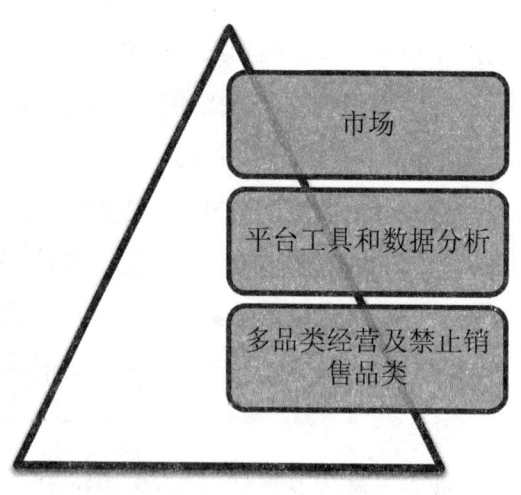

图：eBay 平台选品的三个主要决定因素

◆ **选品决定因素之二：平台工具和数据分析**

卖家在正式确定将要上线的产品以前，可以借助 eBay 网站来对目标市场进行一定的调查，从而对某种产品的销量、市场价格及热销品牌有所了解。当然，为了确保数据的准确性，卖家可以使用更为专业的数据分析软件，比如 Terapeak 等来了解目标市场的用户需求及竞争对手的情况。

eBay 官方会定期发布商品热卖周刊，从而让商家对各个市场中的热销产品有一个相对清晰的了解。这种官方提供的权威数据，对于卖家预测市场发展潮流及用户需求变化具有十分重要的意义。此外，eBay 官方还会举办各种线上及线下的卖家培训活动，从而使卖家提升产品销量并获取更高的收益。

◆ **选品决定因素之三：多品类经营及禁止销售品类**

虽然，eBay 平台对商家扩展自己的产品品类采取积极扶持的态度，但为了避免承担过高的风险，卖家在上架新的产品品类时，还需要对自己销售的产品进行明确的定位并制定相应的营销策略。

除了遵守 eBay 平台的规定，禁止销售侵犯版权、商标权等类型的商品以外，还要注意销售的产品不能违反中国及目标市场国家的相关规定，否则一旦被监管部门查获，很可能会承担刑事责任。另外，卖家不但要保证产品质量，还要确保自己销售的产品拥有我国及目标市场国家线上及线下的销售许可，并且严格遵守与产品相关的行业标准。

3.2.5　eBay 平台店铺运营攻略

统计结果显示，到 2015 年底，eBay 的活跃用户大约为 2 亿，因而，不少电商企业都通过该平台进行商品营销。不过，仅仅在 eBay 平台发布商品信息很可能达不到预期的效果，因为在广告发布方面，同质化现象十分严重，很难吸引用户的关注。

在这里需要明确的一点是，能否取得理想的营销效果，与商品刊登方式有很大关系，因此，为了在 eBay 平台上进行商品推广最终增加销售规模，商家应该在商品刊登方面倾注更多的时间与精力。

◆ 标题

发布商品广告时需要注明标题，并撰写详情描述，将商家所销售的产品用文字形式表达出来，吸引用户。优秀的标题与详情描述可以准确体现商品内容，对用户形成吸引力，促使他们消费。

通过 eBay 发布的商品信息，其标题的字符长度需控制在 80 字符以内，不仅要体现自身产品的差异化特征，还要吸引潜在消费者的注意。表面上看起来，有限的字符长度无法充分描述商品，但这样也能够更好地对应潜在消费者的搜索关键词。

在设计刊登标题的过程中，要重视搜索引擎关键词的作用，要选择那些能够精确描述商家产品的关键词。为此，要先统计用户在进行商品搜索时对哪几个词的使用频率较高，若能将这些关键词用于商品信息的发布并指引消费者轻松搜索到你的产品，通过 eBay 营销的有效性会提高。

总结长期以来不同商品刊登方式的效果可以发现，在标注商品信息时，先写明品牌，再注明该商品适用的性别，然后对其种类、款式、具体的颜色、适用范围依次描述，能够达到最好的营销效果。要注重表达的精确性，如果有必要，在标题中强调商品分类也是可以的。

在浏览信息的过程中，用户首先看到的就是标题，必须认真对待标题设计。避免拼写错误，不要用大写字母来表述，当用户普遍知晓某个词的缩写形式时才能用缩写代替。另外，无需用太多的复数或近义词来描述，因为用户不会用这些词进行商品查询,若处理不好,还容易降低用户的关注度。

◆ **副标题**

副标题能够对标题形成补充作用,更好地表达商品属性,增强对潜在消费者的吸引。用户在浏览或特意查询该商品时,能够通过副标题对商品做出更好的定位。副标题的字符长度应在 55 个字符内,部分描述内容虽然能够聚集潜在消费者的目光,但用标题形式来表达并不恰当,这时候就可以用副标题呈现出来。

商品的原材料、颜色、大小、生产日期等都需要通过描述性词语来表达。除此之外,那些在用户搜索时出现频率较低但很可能激发他们兴趣的信息内容,比如商品的规格、益处、使用条件等也可作为副标题的入选信息。关于商品的具体优惠政策、打折促销活动、最终定价等信息内容,也可在副标题中有所提及,然后在接下来的商品描述中再具体阐述。

◆ **商品描述**

商品信息发布后,良好的商品描述能够使用户快速检索到你的商品,所以,必须具体、详实地对商品内容加以表现。文字数量为 200 字左右,应该珍惜每一个字,用吸引力最大的词语来描述商品。在这方面,eBay 会将关键词的比重控制在 5% 左右,也就是说,在文本描述中,尽量保证关键词出现次数在 12 次左右,不过,出现的次数也不要太多,会使用户产生反感。

在描述商品时,第一步要标明商品的大小、颜色、形状等属性,然后对其产地、品牌、实用性及特征进行阐述,把握产品包装及其实际作用。写完之后,要检查句子成分是否残缺,语法是否正确,纠正拼写错误,明确标注退换货政策,如果面向海外消费者,还要写明物流方式。

在形式上注重别出心裁，对商品价值准确表述。避免无聊的重复，要调动顾客继续浏览信息的兴趣，若文本信息冗长，会让顾客最终放弃信息浏览。

◆图片

据 eBay 平台的研究报告，利用图片宣传能够推动商品营销。在互联网时代中，仅靠文字宣传很难说服消费者。在进行图片拍摄时，要注重细节的体现，让用户对商品有充分的了解。

根据相关统计，利用移动设备完成的在线交易占据总体的 3/10，因此商家要根据移动设备的特征制作相对应的展示图片。图片长度应该在 500 万像素以上，当图片宽度为 1600 万像素时，效果最好，如此一来，用户可通过放大图片观察商品细节。

注意从不同角度来展示商品。根据 eBay 的调查结果，若以多张不同角度的图片来呈现商品，更能激发用户的消费心理。而且，照片展示的角度越多，商品出售的几率也会越大。

◆商品属性

商品属性包含商品多方面的信息，如商品品牌、颜色、具体尺寸、款式等。通常情况下，商品属性会以标准化的格式加以呈现，且标注在商品刊登的特定位置（一般在靠上的位置），便于消费者查询与浏览。顾客可对照属性的名称来查询该商品的具体信息，方便快捷。虽然制定商品属性要付出时间与精力，但这个环节确实能够增加商品销售的几率。

◆价格和促销

在商品原价上添加删除线、提供促销价格，可以增强其对消费者的吸引力。因为通过这两种方式,可以让顾客知道他们能够以更低的价格买到同样的商品,从而下定购买决心。eBay 免费为商家提供此类服务,但很多商家并没有引起重视,消费者也不知道商品在促销期间。

另外,ChannelAdvisor 畅路销等平台可以帮助零售商于 eBay 进行商品销售的整合、管理和优化,经营者可通过这种方式进行商品促销,增加销售规模。

◆ **配送和退货**

向消费者公开退货政策并允许其选择合适的货物配送方式,能够增强他们对商家的认可。最好是提供免邮费服务,这种方式对商品营销来说是非常有效的,若对收货时间没有特殊要求,多数用户会选择免邮费的商品。

在面向海外市场时,要通过国际快递将商品寄到消费者手中,在发布商品信息时,需向海外客户提示物流成本,用 PayPal 等进行交易结算。若商家计划深度开拓海外市场,可尝试在 eBay 的海外平台上进行商品推广,根据当地消费者的习惯对商品信息进行调整,写明商品发送位置,让消费者明确自己购买商品需支付的货运成本。

在商品配送环节,商家都应尽量配备次日送达及 2~3 个工作日送达的物流服务。很多目标用户会关注商家的物流服务,因此经营者需在物流环节增强消费者体验。线上购物、线下提货(Click & Collect)的方式受到很多消费者的青睐,经营者也可以尝试类似的交货方式。

◆ **评价**

来自于消费者的评价能够给其他顾客的消费行为带来很大影响,目标用户会参照其他人的实际体验做出最终的决策。尽管顾客无从知晓商家具体的缺陷率,但缺陷率控制在 2% 以下的商家,能够得到 eBay 的认可,且可在商品刊登中以徽章形式展现自己的荣誉地位，因此，商家在运营中需关注 eBay 指标的维护。

对此，商家可在信息发布中简单表明顾客好评对自身发展的推动作用，促使顾客给予积极的评价与反馈。若顾客对产品不满意，商家需主动采取措施，为其提供满意的售后服务，减少顾客的差评率。

同时，通过 eBay 网站进行商品推广可以有效提高商品的出售几率。为了在与同类企业的竞争中突显自己的优势，要深入研究目标用户的内在需求，据此编排商品发布信息，提高商品刊登的价值。

3.3 亚马逊全球开店项目运营与实战策略

3.3.1 亚马逊全球开店项目介绍

作为全球最大的 B2C 电子商务公司，亚马逊在美国、加拿大、墨西哥、英国、法国、德国、意大利、西班牙、日本、中国等十余个国家建立了强大的线上营销平台，聚合了近 3.04 亿的优质客户。

"全球开店"业务是亚马逊为满足中国卖家拓展海外市场的诉求，而推出的一个帮助中国卖家通过亚马逊网上营销平台将产品更好地卖给国外消费者的项目。亚马逊"全球开店"项目有利于中国卖家开拓国际市场、进行全球业务布局，因此受到了众多卖家的追捧，也逐渐成为亚马逊中国的重要业务方向。

2012 年亚马逊中国引入"全球开店"业务，并同步启动美国、加拿大、法国、德国、英国、意大利和西班牙七大站点的卖家招募工作。

2013年，亚马逊中国在北京设立为中国卖家"全球开店"提供服务的专属团队，次年专属服务团队延伸到上海和广州，并开启亚马逊日本站点的卖家招募。

2015年2月，亚马逊美国推出全中文卖家支持服务；3月，亚马逊在欧洲和日本市场成立"全球开店"专属顾问团队；7月，墨西哥站点卖家招募工作开启，美国和英国站点推出全中文操作平台；同时，为优化物流服务、为卖家提供多元化的跨境物流解决方案，亚马逊推出了"亚马逊全球货运"计划以及针对轻小商品的物流试点计划；11月，亚马逊"全球开店"中文网站正式上线。

2015年12月3日亚马逊中国"全球开店"卖家峰会上，亚马逊宣布将推出帮助中国卖家在欧洲市场快速拓展业务的发展计划，提供亚马逊十大站点的品牌注册服务，向中国卖家逐步开放全球8大站点的"秒杀"专区，以及在德国和日本站点推出全中文操作平台。

图：亚马逊全球开店项目的销售区域

亚马逊全球开店项目为中国卖家拓展海外业务提供了有效渠道，有利于我国卖家在北美、欧盟和日本三大国际消费市场中开展业务，获取更多

跨境电商

优质客户；同时，以亚马逊为平台布局全球业务，也有利于卖家更好地把握不同国家和地区的市场诉求和消费特质，从而基于不同的文化和消费心理，寻求更多的市场机会。

◆亚马逊全球开店项目的优势

亚马逊全球开店项目的优势主要体现在客户、市场和服务三个方面：

（1）庞大的客户数目

亚马逊平台在全球拥有 3.04 亿优质客户，能为卖家提供坚实的用户基础；亚马逊的十大站点基本覆盖了全球各个市场区域，有利于卖家全面布局全球业务，并根据各个国家的差异性文化和季节性消费行为寻求新的销售机遇；借助亚马逊的物流配送渠道，卖家有机会把拥有强大消费能力的亚马逊 Prime 会员转化成自己的客户。

（2）广阔的市场机遇

卖家的商品将出现在亚马逊点击率和成交量高的全球电子商务网站中，从而触发更多的交易行为，并迅速提升知名度；亚马逊不断创新优化的工具和配套服务生态链，能够帮助卖家更好地适应全球市场，成为顶尖卖家；亚马逊成熟完善的物流配送系统，能帮助卖家高效便捷地将商品送到客户手中，优化客户的物流服务体验。

（3）丰富的卖家支持服务

亚马逊积累了丰富的全球市场业务经验，拥有内容全面的培训素材，能够为卖家提供有关海外业务拓展的全方位知识；第三方服务商网络能够为卖家的跨境电商交易提供专业性的意见与服务；亚马逊还能够为卖家提供实时技术支持、营销工具咨询以及丰富的卖家支持服务。

◆亚马逊物流

在亚马逊 20 多年的发展中，其打造的电商仓储物流服务也一直被人们津津乐道。从最初的贝佐斯的汽车房，到如今的机器人库房和直升机配送服务，亚马逊以高科技为基础打造的电商仓储物流模式，经过20多年的发展完善，已经形成了比较成熟的覆盖全球的物流运营网络生态系统。

亚马逊在全球建立了109个运营中心，物流配送范围覆盖185个国家和地区。在我国，亚马逊拥有13个运营中心、300多条运输干线，能为1400多个区县的消费者提供当日达或次日达服务。

强大的物流服务系统为亚马逊中国的全球开店项目提供了有力支持。卖家能够借助亚马逊覆盖全球的高性价比的智能物流系统，为客户提供优质高效的跨境物流配送服务。具体来看，全球开店项目的卖家获得亚马逊智能物流服务的流程为：

（1）发送商品给亚马逊：卖家将需要运送的商品发送给亚马逊。

（2）亚马逊储存商品：亚马逊将接收到的卖家商品进行分类并存储到客户所在地区的仓库中，以便在客户下单时能快速送达。

（3）客户订购商品：客户在亚马逊网站或其他渠道（如卖家网站）中购买商品后，亚马逊将为客户提供免运费以及免费2天的配送服务。

（4）亚马逊物流服务从仓库拣货并包装商品：卖家与客户达成订单后，亚马逊将完成后续的拣货、包装和配送服务，从而降低了卖家的劳动成本并缩减了客户等待时间。

（5）亚马逊为客户提供支持服务：亚马逊强大的智能物流系统能够以当地语言为客户提供全天候服务，包括退换货处理方面的物流服务。

（6）亚马逊送货：亚马逊覆盖全球的物流配送网络使其能够在世界各个地区进行快速配送货服务。同时，亚马逊还为白金客户提供免费的极速配送服务，从而加快了库存流通，降低了卖家的库存成本和压力。

3.3.2 亚马逊全球开店业务范围

亚马逊中国的"全球开店"项目将帮助中国卖家在北美、欧洲和日本三个地区共十个国家的市场中拓展业务。

◆ 在北美开店

"在北美开店"的卖家面向的是美国、加拿大和墨西哥三个国家的市场。作为亚马逊的诞生地，北美地区无疑是其业务布局的重点。在20多年的深耕发展中，亚马逊也赢得了北美市场的普遍认同，与客户建立了高度信任的关系。

亚马逊美国的月独立访客数量超过9500万，这为商品提高了更多的曝光机会，也有利于卖家迅速提升知名度和影响力；尼尔森公司2014年的调研显示，亚马逊在北美市场中的声誉度名列前茅；亚马逊的Prime会员多数来自北美地区，这些享受免费极速配送服务的客户，能够大大提高卖家的库存流通效率，是卖家争夺的重点对象。

在北美地区开店的卖家，需要提交的注册资料包括：电子邮箱，公司的名称、地址和联系方式，国际信用卡（Visa、MasterCard等），注册期间卖家的有效联系电话。

具体的注册流程为：以电子邮箱地址作为账号创建新账户；填写营业执照上的公司名称（个人卖家填写店铺名称），并确认已阅读和了解销售规则及相关电子协议；使用拼音填写卖家基本信息和联系方式，并添加国际信用卡信息；填写电话号码，以电话或短信的形式进行身份验证；进行美国税务身份信息验证；完成注册。

卖家要充分利用北美地区假日众多的特点，通过合理有效的营销方案提升销量、拓展市场。美国感恩节之后的"黑色星期五"和"网络星期一"，以及12月底的圣诞节，都是产品销售的黄金时间。如2014年"网络星期一"购物节当天，亚马逊卖家销售了过千万件商品。

◆ 在欧洲开店

"在欧洲开店"的卖家面向的是英国、德国、法国、西班牙和意大利五个国家的市场。与北美地区类似,亚马逊在欧洲市场中也拥有很高的知名度和美誉度。欧洲客户在亚马逊平台上的购物频率很高,且很多客户都属于 Prime 会员。

同时,由于欧洲市场的一体化程度很高,亚马逊在欧洲地区建立了欧洲联合账户系统。即在欧洲开店的卖家,通过一个销售账户就可以创建并管理英国、法国、德国、意大利和西班牙五个国家的商品目录。

在欧洲开店的卖家需要提交电子邮箱地址、公司基本信息(名称、地址和联系方式)和国际信用卡(Visa,MasterCard 等)等注册资料,具体流程为:

输入电子邮箱地址和密码创建新账户;确认账户信息,并确认已阅读和了解亚马逊平台的销售规则和相关电子协议;以拼音的形式填写公司和联系信息以及主要联系人的信息;添加国际信用卡信息;完成注册。

与北美地区类似,欧洲也拥有众多节假日,这为卖家开展假日营销、拓展市场提供了诸多契机。如圣诞节期间人们有相互赠送礼物的风俗;欧洲地区有很多体育活动和赛事,服装及与运动主题相关的商品可以借此大幅提高销量。

另外,在全球一体化的背景下,源自美国的"网络星期一"购物节也扩展到欧洲地区。如 2015 年"网络星期一"购物节期间,亚马逊欧洲站点卖出了过千万件商品。

◆ 在日本开店

选择"在日本开店"的卖家将在日本市场中销售商品。日本拥有 1.27 亿人口,又是全球第三大经济体,因此不论在客户规模还是消费能

力方面，日本市场都对卖家极具吸引力。

同时，地理位置相近、文化相似等因素也为中国卖家进行产品销售提供了便利。日本市场已成为亚马逊中国"全球开店"项目的重要目标，而亚马逊日本站点在 PC 端和手机端的月平均访问量也分别达到了 1753 万和 3025 万。

卖家在日本开店的注册清单包括：电子邮箱地址，公司名称、地址和联系方式，国际信用卡（Visa、MasterCard 等），注册期间的有效联系电话。

注册流程与在北美开店的流程一样：输入电子邮箱地址和密码创建新账户；按照营业执照上的信息填写公司名称（个人卖家填写店名），并确认已阅读销售规则和相关电子协议；使用拼音填写卖家基本信息和联系方式；添加国际信用卡信息；通过电话进行身份验证；完成注册。

亚马逊日本站点经过长期的深耕培育，已成为备受日本消费者认可和信赖的品牌，平台的交易规模也十分可观。节日营销是在日本市场提升销量的重要方法，1 月的成人节、7 月或 8 月的盂兰盆节、以及过年前的赠礼习俗等，都是卖家大幅提高商品销售的最佳时机。

同时，4 月作为社会新鲜人新生活开始的月份，是卖家开拓日本市场的重要时期；而 4 月到 5 月的黄金周，则是旅行类产品的销售旺季；另外，美国的"网络星期一"购物节也越来越受到日本消费者的欢迎。

3.3.3　亚马逊全球开店基本费用

中国卖家通过亚马逊"全球开店"项目拓展海外市场时，需要了解在全球不同地区市场中开店的基本费用有哪些，以便根据自身情况制订更加合理的开店计划。

◆ **在北美开店**

选择"在北美开店"的卖家可以在美国、加拿大和墨西哥三个市场中售卖商品,且只需注册一个账户就可以在这三个市场进行销售。

亚马逊全球开店项目为卖家提供专业销售计划(Professional)和个人销售计划(Individual)两种选择。需要注意的是,不论卖家的身份是公司还是个人,都可以根据自身的意愿选择这两种销售计划。当然,两种计划具体的费用结构会有一定差别。

(1)月租金

该费用只有选择"专业销售计划"的卖家才需要支付。不过,若卖家注册的是北美联合账户,只需支付亚马逊美国站39.99美元/月的月租金即可,不用另外支付加拿大和墨西哥站的月租金39.99美元/月。

(2)单件销售费用

只有选择"个人销售计划"的卖家需要支付该项费用。卖家每销售一件产品都需要向亚马逊平台支付0.99美元,而不论这件商品的交易金额为多少。

(3)销售佣金

该费用针对的是所有卖家。不过,销售佣金的百分比和按件最低佣金根据商品品类的不同而有所差别。

亚马逊平台会选择"单价×销售佣金百分比"和"按件最低销售佣金"两者中较高的一个作为向卖家收取的销售佣金额度。例如,一件单价5美元的母婴商品,其销售佣金百分比是15%,而按件最低销售佣金为1美元,那么亚马逊对这件母婴产品收取的销售佣金将是1美元(5美元×15%=0.75美元<1美元)。

整体来看,在北美开店的卖家向亚马逊支付的开店费用结构包括两部分：一是根据卖家选择的销售计划收取的月租金或单件销售费用，二是销售佣金。

具体来看，个人销售计划中：商品价格＋买家支付的运费－销售佣金－每件0.99美元＝存入卖家账户的总额。

专业销售计划中：商品价格＋买家支付的运费＋买家支付的礼品包装费－销售佣金－每个月39.99美元＝存入卖家账户的总额。

◆ 在欧洲开店

作为经济发展水平和生活质量都很高的地区，欧洲市场是很多中国卖家布局全球业务的关键一环。通过亚马逊全球开店项目选择在欧洲开店的卖家，面向的是英国、法国、德国、意大利和西班牙五个国家的市场。而亚马逊打造的欧洲联合账户系统，使卖家注册一个欧洲账户就可以对上述五个国家的市场进行管理。

与北美地区一样，亚马逊欧洲站点也为进行全球开店的卖家提供了专业销售计划和个人销售计划两种选择。

（1）月租金

只对选择专业销售计划的卖家收取，费用为25英镑。

（2）单件销售费用

仅对选择个人销售计划的卖家收取，不论产品金额为多少，卖家每卖出一件产品都要向亚马逊平台支付0.75英镑。

（3）销售佣金

针对所有卖家，需要为每件卖出的商品向亚马逊平台支付销售佣金。对于设有按件商品最低销售佣金的产品，卖家需要支付的是销售佣金和按件商品最低销售佣金中较高的金额。

具体来看，对图书、音乐、影视、软件、视频游戏等媒介类商品，亚马逊将按照规定的销售佣金百分比收取佣金；对非媒介类商品，亚马逊收取的佣金是下面两者中的较高者，即适用的销售佣金百分比与基于总销售价格（包含商品价格、运费、礼品包装费等在内的买家支付的总金额）计算出的适用的最低按件销售佣金。

（4）可变结算费

这项费用的支付金额取决于产品的归类和订单目的地。

个人销售计划：商品价格＋买家支付的运费－销售佣金－每件0.75英镑－可变结算费＝存入卖家账户的总额。

专业销售计划：商品价格＋买家支付的运费＋买家支付的礼品包装费－销售佣金－每个月25英镑－可变结算费＝存入卖家账户的总额。

◆ 在日本开店

亚马逊为在日本开店的卖家提供的是"大口出品"和"小口出品"两种销售计划，与其他站点的"专业销售计划"和"个人销售计划"相对应。

"大口出品"与"小口出品"两种销售计划同样与卖家是个人还是公司无关，其决定因素是卖家刊登的产品数量。选择"大口出品"的卖家意味着想要开设自己的店铺，将销量最大化；而小规模销售的卖家则适合"小口出品"销售计划。至于大与小的划分，则以每月商品的销售计划是否超过50件为依据。

费用支出上，选择"大口出品"方式的卖家每个月都要支付4900日元的订阅费用（对于之前从未在亚马逊全球开店注册过的卖家，开店前3个月可以免除这项支出），订单成交时再支付相应的佣金；选择"小口出品"方式的卖家不需要支付每个月的订阅费，其费用支出包括单件产品销售固定的100日元和订单成交时的佣金。具体来看：

（1）每月4900日元的费用能有哪些权限？

在日本站开店的中文页面介绍中只简单提到了三点：技术支持（中

文、日文和英文)、Affliate 广告(亚马逊商品推广)和搜索引擎优化(SEO)。不过,在日文页面中有更为详细的说明,包括销售相关服务、消费者购物支持服务和销售之后的相关服务。

★刊登销售相关服务:

支持一键上传多件商品*

一些商品支持海外消费者购买(书籍、音像制品除外)

根据所使用的 API 可对接库存信息的自动系统*

各种促销活动

★消费者购物时可支持的服务

信用卡结算、Amazon 购物卡结算、Amazon 礼品券结算

便利店结算、货到付款(使用前需确认)、Edy 支付*

下单时的安全保护

★销售之后的相关服务

订单数据的一次性导出*

交易入账

客服支持(包括电话、邮件的咨询)

在上述权限中,标注"*"的服务只对选择大口出品销售计划的卖家开放;另外,亚马逊也只支持大口出品卖家自建商品目录,而小口出品卖家只能销售平台上的既有商品。

(2) 不同品类的佣金比例也不一样

亚马逊会根据卖家销售的产品品类收取不同的佣金比例。另外,对于出售书籍、影像等媒体类商品的卖家,除了规定的佣金之外,还要再支付一笔固定金额的结算费。需要注意的是,结算费是这个从日本国内发货的标准,若是从亚洲其他国家发货,则三种媒体类商品的固定结算费会有调整。

3.3.4 亚马逊全球开店物流选择

做跨境电商必然离不开物流的支撑。就亚马逊来看，其自有的 FBA（Fulfillment by Amazon，亚马逊物流）由于帮助平台卖家减少了与消费者直接沟通和售后服务等方面的问题，成为很多卖家的首要物流选择。除了 FBA 仓，亚马逊全球开店平台上的卖家还可以选择海外仓储服务等其他物流模式。

★海外仓：卖家为了缩短客户物流等待时间，以最快的速度将产品派送到客户手中，为客户提供优质高效的物流配送服务，通过自建或租用仓库的方式实现本地销售派送的备货行为。是否需要海外建仓要根据货品在各地区的销售情况。亚马逊全球开店中的很多大卖家都已在美国、英国、德国、澳洲等主要消费市场中建立了海外仓。

★FBA 仓：即为了优化买家物流体验，亚马逊将卖家货品先聚合到自己的仓库中，然后再根据订单需求将产品发送给客户的一种物流模式。需要注意的是，FBA 仓只接收已经完成清关的货物，且货品在进入 FBA 仓之前与亚马逊没有任何关系。从这个角度来看，亚马逊只是为平台卖家提供物流服务，并不作为货物进口方承担进口清关和关税等费用。

★VAT（Value Added Tax，增值税）：选择海外仓和 FBA 仓的卖家需要缴纳相应的"进口 VAT"和"售后 VAT"。以英国为例，亚马逊全球开店卖家将商品跨境销往英国时，销售价格高于 15 英镑的产品都要缴纳"进口 VAT"；同时，在英国当地进行的交易行为还需要缴纳"售后 VAT"。当然，两种费用不会重复征收，卖家可以在申报售后 VAT 时抵扣已经缴纳的进口 VAT 费用。

 跨境电商

明确了海外仓、FBA 和 VAT 的具体含义，亚马逊卖家还要深入了解各种物流选择的优劣势，从而根据自身运营情况和具体需求选择最适合的物流模式。

◆**亚马逊 FBA**

FBA 是亚马逊基于自身强大的智能物流生态网络系统，帮助跨境电商卖家进行仓储、拣货、打包、派送、收款、客服及退货处理等多方面的物流服务，以为客户提供更优质的物流体验。

对于亚马逊卖家来说，FBA 具有以下优劣势：

（1）优势

★能够提高店铺的亚马逊 Listing 排名，有利于卖家抢夺购物车和成长为特色卖家，从而扩散店铺影响力，增强客户的认同感和信任度，推动店铺销量的增长。

★可以借助亚马逊丰富的物流服务经验，以及覆盖全球各地区市场的智能物流生态网络，为客户提供更好的跨境物流配送服务。

★FBA 仓多靠近机场，具有很高的配送时效，可以让消费者获得 7 * 24 小时的亚马逊专业客户服务。

★亚马逊平台代替卖家为客户提供物流服务，避免了卖家由于物流原因遭到差评。

★对单价超过 300 美元的商品，亚马逊平台将免除卖家的 FBA 物流费用。

（2）劣势

★通常情况下，亚马逊 FBA 物流服务的费用都会比直接从国内发货偏高（对非亚马逊平台的 FBA 发货更是如此），当然也需要根据产品重量决定具体费用。

★灵活性较差，虽然所有的海外仓都有这方面的不足，但很多第三方海外仓都有专门的中文客服处理相关问题，而FBA只能使用英文与客户沟通，且在沟通的及时性和便捷性上也不如第三方海外仓客服。

★亚马逊FBA仓也不会为卖家的头程发货提供清关服务。

★前期工作不足导致的标签扫描问题会影响货物顺利入库，甚至无法进入FBA仓库，而退货地址又只支持FBA库的本国地址（如卖家是在亚马逊美国站点开店，那么FBA退货地址只支持美国地区）。

★客户不需要与FBA进行过多沟通就可以退货，这会给卖家带来诸多困扰。

◆ **海外仓**

海外仓储模式是指线上外贸交易平台、物流服务商等独立或合作为跨境电商卖家在目标市场地区提供产品的仓储、分拣、包装、派送等一站式的物流和管理服务，以提升卖家的跨境物流配送能力和水平，优化客户的跨境电商物流体验。

海外仓储服务模式要求卖家首先将货品存储到目标消费市场地区的第三方仓库中，以便买家下单后能够以最快的速度进行货物的分拣、包装和配送。海外仓物流模式的优劣势为：

（1）优势

★降低卖家物流成本，即直接从目标市场本土地区发货，相当于境内物流，显然比从国内发货给客户的运送成本更低。

★提高产品配送时效，即卖家在把货物运往海外仓库时，就已经解决了与跨境物流相关的运输、报关、清关等各种问题，因此在接到客户订单后，可以直接从海外仓中随时发货，而不用再考虑商品的报关清关问题。

★海外仓储服务的提供者拥有专业化的管理经验和工作人员，免去了卖家货物仓储管理方面的麻烦。

★高度智能化的 ERM 仓库管理平台使卖家可以在电脑前下达订单发货指令，从而更便捷地处理订单，并能够对订单进行自动化批量处理，实现订单与发货同步。

★提供更加细化清晰的库存管理和盘点服务，仓储平台系统能够自动显示产品的当前销量和库存剩余，从而使卖家明确了解每笔订单的物流成本。

★简便高效的退货处理流程，即当客户出于各种原因申请退货时，货品将直接退回海外仓储，避免了国内国外来回运送货品产生的各种额外损失。

（2）劣势

★卖家将货物存储到海外仓，等于将货物的控制和管理权让渡给了海外仓储服务的提供者，这需要卖家准确评判海外仓储服务的信用度，与服务提供商建立信任关系。对此，卖家可以先将少量货品发送到海外仓，以便了解海外仓储流程、体验相关服务，然后再与服务提供商建立长久的合作关系。

★仓储费用成本方面，卖家要比较当前发货方式与使用海外仓储服务的费用，选择更合适的物流模式。比如，若销售淡季店铺每月的订单量太少，就不适合使用海外仓储模式。对此，卖家可根据店铺销量情况，在货品销售旺季时选择海外仓储物流服务。

★货物销售性质的限制。海外仓储物流模式需要先将一定量的货品存储到海外仓库中，进行提前备货。因此，若客户购买的是定制化产品，则无法使用海外仓储服务。

◆物流公司

亚马逊全球开店的卖家还可以通过跨境物流公司为客户提供物流服务，这也是那些没有自己公司和产品的卖家在开始时最常用的物流选择。

在卖家接收订单后，跨境物流公司会帮助卖家将商品直接从国内配送到国外买家手中，因此，物流公司的服务质量对卖家的店铺运营十分重要。

若卖家为了节省成本选择收费低的物流公司，很可能会大大拉长买家的收货等待时间，这显然不利于卖家在竞争日益激烈的跨境电商市场中站稳脚跟，客户也会因为糟糕的物流配送体验而选择其他卖家的产品；如果卖家选择配送时效很快的物流公司，则又需要承担很高的跨境物流成本。

因此，一般只有刚刚涉足亚马逊全球开店业务的卖家，才会选择跨境物流公司的物流模式，多数卖家使用的都是亚马逊FBA或海外仓储服务。

3.3.5 亚马逊全球开店产品运营

◆ 选品

选品对亚马逊店铺的成功运营具有十分重要的作用。一个成功的选品能够帮助店铺打造爆款商品，实现店铺销售量和知名度的迅速提升。因此，在亚马逊平台开店的卖家要充分重视选品在店铺运营中的价值，将其作为贯穿店铺运营全流程的重要事项。

具体来看，成功的选品应考虑以下三个方面：

（1）适合自身情况

面对电商领域日益激烈的市场竞争，卖家从自己比较熟悉和了解的行业切入，才更容易上手，并在市场中站稳脚跟。因此，卖家在选品时应该基于自身情况，选择那些比较了解且在质量和价格方面具有先天优势的产品进行销售，如此才能与消费者进行产品方面的交流沟通，并建立起自己店铺在产品方面的竞争优势。

供应链和资金链是跨境电商的两个重要链条。前者包含了选品、物流、仓储、售后、库存控制和客户服务，后者主要涉及财务体系、成本控制、账期和收款方式等方面的内容。

其中，对于供应链源头的选品，很多卖家都是在前期市场调研的基础上去寻找 B2B 平台或生产厂家。不过，通过这种方式进行选品，卖家对产品的质量、价格、优势等方面的控制力较弱，因此潜藏着较大的风险。

比如，在亚马逊平台中，3C 品类下的蓝牙产品很受消费者青睐。不过，一些卖家在销量不断增长、平台排名不断上升的情况下却陷入了运营困境。究其原因，就在于卖家不熟悉和了解供应端的厂家和产品本身，无法对产品质量进行有效把关，受到越来越多的客户投诉甚至平台的警告。

因此，在亚马逊海外站点开店的卖家选品时要从自身情况出发，首先选择那些自己比较了解的产品品类和产品供应商，以便能对产品各方面进行有效把控，避免在价格和供应链上处于劣势；在市场中成功立足后，再进行新一轮的选品、库存和售卖，以不断拓展市场。

（2）尽可能拿到上游货源

卖家要尽可能对接生产商，拿到上游一手货源，以便在产品销售价格方面建立优势。特别是在 B2B 平台上进行选货和询价的卖家，更要注意区别产品的生产商和各级代理商，尽量拿到上游货源。

（3）具有产品组合思维

卖家在选货时还应具有产品组合思维，在店铺中上架能够满足不同消费群体价格和品质诉求的差异化产品，以提高店铺交易的达成率。一般而言，比较成熟的店铺中的货品应包括爆款商品、主流商品和利润商品。

爆款商品是指与当下热点相结合、能有效激发客户购买欲望的主流产品，爆款商品的价格比较低廉，或者具有较高的性价比。对卖家来说，可以参考亚马逊网站发布的销售排行榜，借鉴排名靠前的热门产品来打造自己店铺的爆款商品。

主流商品是指卖家店铺中具有价格或性价比优势、对客户极具吸引力的商品。

利润商品在服装品类中较多，是指当前市场中没有一个基本定价的小众商品或即将流行的商品。

◆ **产品的展示**

不同跨境电商平台的规则往往有所不同，这主要表现在产品展示方法和排序规则上的差异。亚马逊卖家最重要的目标是获得平台首页中的产品展示位置，而这种机会对所有卖家都是均等的。只要设置了精准合适的关键词，产品图片符合规范，那么不论是销量千万的资深卖家还是刚刚开店的新人，都有机会将自己的商品展示在亚马逊首页中。

因此，对卖家来说，如何通过设置合适的搜索关键词来提升展示页中的排名，甚至抢占首页中的产品展示位置，就成为需要首先考虑的重要问题。虽然亚马逊平台对店铺关键词的数量没有过多限制，但在实际操作中一个商品被搜索到的有效关键词只有十个左右。这就要求店铺在设置关键词时，要更加注重搜索关键词的精准度而非数量。

在亚马逊搜索栏中，当用户输入一个产品名称时，会显示出一个下拉长尾菜单，里面都是热门词汇；同时，在亚马逊平台类目中，大类目的名称也是搜索热词。因此，对卖家来说，在设置适合亚马逊平台的关键词时，可以整合借鉴下拉长尾菜单和大类目热词。下图是亚马逊中国的首页展示，这种底层规则在亚马逊全球站点都是通用的。

图：亚马逊中国的首页展示

设置合适精准的搜索关键词是提升店铺排名的必要条件。要真正实现店铺排名的提升，亚马逊卖家还应做好以下三个方面：良好的卖家绩效、不断增长的销售以及用户的正向激励。

良好的绩效既是卖家在亚马逊平台销售的基础，也是提升店铺信誉度和认可度的有效方式。即卖家要通过不断努力和运维，保证店铺在订单缺陷率、取消率和货品迟发率等方面符合亚马逊平台的要求。

精准合适的搜索关键词只是帮助卖家获取更多的用户流量，要想促成交易、实现流量变现，卖家还应设置好优质的产品展示图片，这对电商提升销售业绩有重要影响。在设置产品图片时，需要注意三个原则：一是产品图片的最佳横竖比应是1:1.3；二是图片最好为白底，且产品占全图的比例不低于85%；三是为了将产品细节尽可能地展示给客户，产品图片的数量最好超过5张，图片在1000像素以上。

买家在商品搜索中找到卖家店铺中的产品，然后点击进入产品界面并完成交易，这就是一个正向的激励，有利于提升店铺的信用记录。简单地讲，就是当店铺流量转化成销量时，便会对后来用户产生一种正向的激励作用，从而促进更多用户的购买行为，实现销量增加。

3.3.6 亚马逊全球开店绩效指标

绩效指标是亚马逊为区分卖家优劣、更好地维护消费者权益、保证平台长久良性运行而针对第三方卖家设置的行为准则，有利于规范卖家的店铺运营和服务，让消费者获得更优质的跨境电商体验。

下图是亚马逊平台现有的绩效指标，右侧数字表示比例上限。其中，订单缺陷率、订单取消率和延迟装运率是亚马逊评判卖家账号的硬性指标，也常常是导致卖家账号被封的主要原因。

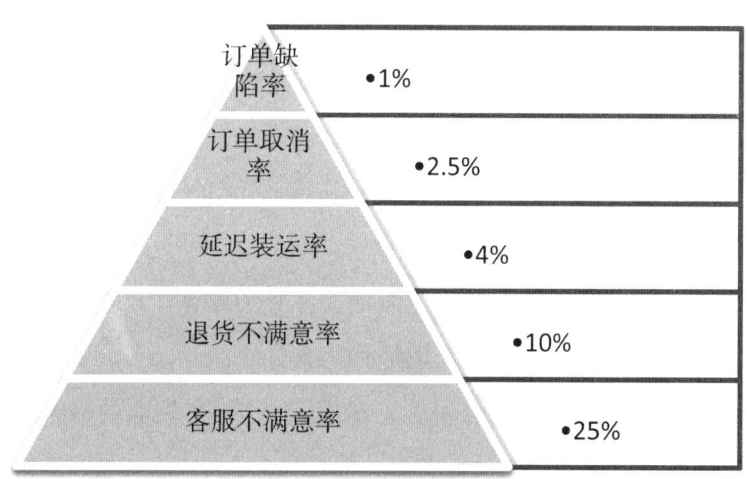

图：亚马逊平台的绩效指标

◆ **解决订单缺陷率（ODR）问题**

亚马逊平台对订单缺陷率（ODR）十分重视，将其作为查封卖家店铺时的主要参考标准。若一家店铺的ODR超过了1%，会被认为过高，将面临被封的危险;而那些已被查封的店铺,ODR 大多是超过了 1.19%。

亚马逊卖家还要充分认识到 A-to-Z 索赔对 ODR 的巨大影响(即便是撤销索赔,也会对店铺造成一定影响);同时,即便是对 ODR 没有直接影响的退单拒付问题,卖家也要及时与银行协商解决。

在向亚马逊平台申述降低 ODR 的长期解决方案之前,卖家可以先从以下两点优化自身店铺的 ODR 状态:一是与消费者或亚马逊平台进行积极沟通交流,说服他们主动消除对店铺的负面反馈;二是与供应商沟通协调,让他们及时为客户配送替换产品,以有效规避 A-to-Z 索赔和对店铺的负面评论。

卖家在申述邮件中,可以从以下几点出发对如何解决订单缺陷率的问题进行阐述:

★根据客户的评论反馈,特别是负面反馈信息,有针对性地改善产品包装、严格质量把控、优化配送服务,甚至在有必要的情况下更换现有的产品供应商。

★设置专门的人员对产品状态、配送流程等进行监督、检查和把关,以降低订单缺陷率。

★借助相关应用软件,及时全面地关注和了解客户反馈信息,以更好地把握客户消费痛点,有针对性地进行完善优化。

★通过更安全的绩效追踪系统,在店铺 ODR 达到亚马逊平台限额之前获得及时预警。

◆处理订单取消率和延迟装运率问题

这里的订单取消率是指卖家主动取消订单;延迟装运率指卖家延迟发货,或者发货后没有通知买家并提供运单号。若店铺因订单取消率和延迟装运率方面的问题而被查封,则说明卖家在产品库存和物流配送服务方面存在不足。

在向亚马逊平台申述前，卖家可以先采取以下措施：

★订单方面，若不能按照正常标准完成，可以先更新订单的处理时间。

★延迟装运方面，可以通过最近记录查看合作的快递公司是否及时发出了货物。

在订单取消率和延迟装运率问题的处理上，卖家可以在申述信中从以下几个方面阐述：

★通过多种途径提升店铺总销量，以此降低订单取消率和延迟发货率。

★如果现有运营模式无法满足订单需求，则变革商业模式或者寻求更合适的供应商。

★若店铺在几天内都无法处理完订单，则可将网站状态改为假期模式。

★雇佣更多人手应对订单激增状况，以及时完成产品的包装、处理和发送。

★通过更多的响应式库存处理软件提高仓储库存的智能化水平和运作效率。

★借助多种方式增强监控员对相关指标的追踪获取能力。

◆**保证账号指标在限定范围内**

卖家还可以通过以下方式确保自己店铺的相关绩效指标在亚马逊平台的限定范围内：

（1）注意查漏补缺

当店铺中有一些固定的销售产品时，卖家应该经常查看"Imperfect Orders Report"（不完美订单报告），以便及时了解哪种销售模式或产品经常遭到客户的不满乃至被客户要求退货、退款。

（2）积极主动处理问题

及时关注买家的负面评价、要求退货的产品等各种负面信息，并通过对这些反馈信息的整合分析准确定位店铺运营或产品方面的问题；设置比亚马逊平台更严格的绩效指标，当未达到设定的指标要求时，及时进行内部预警，并针对相关问题不断改进优化，从而有效避免违反亚马逊平台的规定。

（3）尽可能让消费者满意

通过多种方式降低店铺的退货率和客户服务不满意率，为消费者提供更优质的交易体验：

★将退货政策清晰明确标示出来，以便消费者在交易前了解相关政策。

★在客户确认收货48小时内接受退货退款申请。

★卖家不论何时拒绝客户的退货申请，都应完全合理合规，并最好向客户进行说明。

★有意识地总结以往的客户服务经验，不断探索更为有效的问题处理方案。

第 4 章

移动跨境电商：Wish、Lazada 平台运营实战

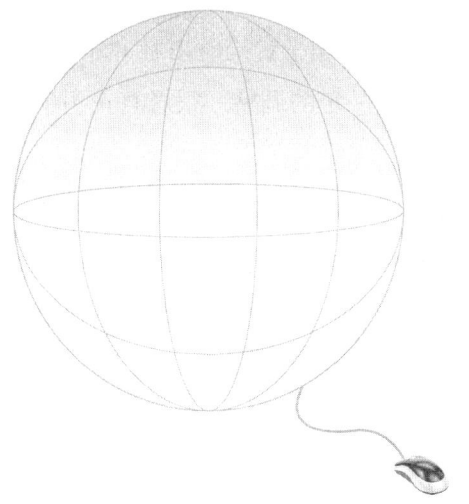

4.1 Wish 平台介绍、运营基础与实战攻略

4.1.1 Wish：移动跨境电商领域的"黑马"

美国移动 B2C 跨境电商平台 Wish 在近两年实现快速崛起。作为一家初创企业，Wish 凭借着对移动终端的专注，仅用 2 年多的时间交易额就突破了 1 亿美元大关。

诞生于硅谷的 Wish，在其创立之初就吸引了外界的关注。据市场研究机构发布的数据显示，全球跨境电商的消费者主要来自于移动端，而 Wish 平台中的移动端用户占比高达 95%。如今，我们正处于 PC 互联网向移动互联网转变的节点，但真正能够迎合这种发展趋势，摆脱 PC 互联网商业逻辑的限制，在移动终端发力的电商平台却少得可怜。

虽然，国内阿里的速卖通，国外的 eBay、亚马逊等都在向用户推广其 APP 应用，但其开发的移动平台仍沿用着 PC 互联网思维，仅在屏幕适配及人机交互方面进行了一定的调整，很难真正为消费者带来极致的购物体验。

对比它们移动端 APP 应用的首页我们可以发现：在阿里的速卖通平台中，各种促销活动令用户眼花缭乱；而 eBay 则将重点精力放在了提醒消费者注册及登录方面，并在首页下方为消费者提供按照品类选购商品服务；在亚马逊首页中，则以系统推荐的形式着重强调自营产品及质量较高的产品。

这种首页布局，显示了它们仍在沿用着 PC 互联网思维：速卖通更喜

欢用促销优惠吸引消费者，而 eBay 则更倾向于大部分电商平台采用的按品类浏览，亚马逊则主要使用"关联推荐"。

虽然 Wish 的创业团队没有 PC 互联网电商平台运营经验，但这也使得 Wish 可以不用受到 PC 互联网思维的束缚，投入自己的全部精力去专注移动市场。移动化、碎片化是移动互联网时代的两大主要特征，携带着智能手机的人们随时随地都能实现在线交易。在排队点餐、等公交等场景中的碎片化时间得到充分利用。如果移动电商平台能够在了解用户需求的基础上，为他们提供个性化及差异化的商品，则很容易促使他们在碎片化的时间里进行消费。

Wish 很少进行促销活动，弱化了按品类搜索功能，并更加注重于向消费者推荐个性化的商品。当消费者注册成为 Wish 用户后，系统平台会首先向他们推送一些大众商品，并在后续的用户管理过程中，搜集用户的相关数据，更好地掌握他们的消费需求，从而实现商品的定制化营销。

对 Wish 用户而言，该平台与其他的移动 APP 平台最大的差异，在于每一个消费者在平台上看到的界面都是不同的，而且随着平台掌握的用户的数据越多，推荐的商品会更为精准，其向用户展示的页面也会更加符合用户的个性化需求。Wish 平台借助于移动互联网、大数据、云计算等新一代信息技术，与用户之间实现了精准对接，使用户忠实度获得极大提升。

2011 年 9 月 Wish 在美国硅谷正式诞生，两位创始人分别为来自中国的张晟与欧洲的 Peter Szulczewski。两人都毕业于加拿大的 Waterloo 大学电子计算机专业，而且二人是室友关系。

毕业后，张晟先后任职于雅虎及美国电话电报公司（AT&T），并且分别做到了技术组长与工程主管职位。Peter Szulczewski 则先后就职于谷歌、微软等科技巨头公司，而且参与开发了 Google AdSense 及 Google Adwords 产品。

Wish 在建立之初并非是一家电商平台，其功能主要是通过智能系统在网络中抓取并鼓励上传优质内容，根据智能算法向用户推送符合他们需求的商品图片。但创始人张晟及 Peter Szulczewski 发现许多消费者对平台向他们推荐的商品存在着消费需求，于是 Wish 平台在 2013 年 3 月份上线了商品交易功能。也正是这一改变，使得 Wish 开始步入移动电商行列。

4.1.2　Wish 移动跨境电商平台的市场定位

从不同的角度来看，你可以将 Wish 归类为多种平台，比如，它能够像社交导购网站 Wanelo 一样，为消费者推送他们需求的产品；能向亚马逊一般，为供需双方打造一个无缝对接的交易平台；也能像社交图片网站 Pinterest 一般，以一种瀑布流式布局向消费者展示各种精美的商品图片。

并且，Wish 将这种三种特征实现完美融合，为自身制定了独特的市场定位：

（1）与社交导购网站 Wanelo 不同的是，Wish 不会依赖于第三方购物平台，其本身就实现了交易闭环

在以 Wanelo 为代表的绝大多数社交导购网站中，当消费者发现自己需求的商品后，还必须前往第三方购物平台进行交易，这对用户的购物体验及资金安全性等方面都存在着一定的负面影响。

事实上，在互联网的不断渗透下，信息传递会更加高效，从供给端到消费端的各种中间环节会逐渐消失，导购网站的存在本身就与这一发展趋势相违背，在国内市场中也出现过蘑菇街、美丽说等导购网站，但在后续的发展过程中都开始尝试转型电商平台，而且它们在转型过程中还遭遇了以阿里为代表的国内电商巨头的打压，但其凭借着在细分市场的精耕细作，反而完成了在移动互联网时代的蜕变。

马上开始销售
Wish 将向欧美超过 3,200 万的消费者展示您的产品。

 售出商品之前无需支付任何费用
Wish 采用收入分成的办法。您有收入，我们才收取费用。在您售出商品之前，我们不收取任何费用。

 高效的移动商务
成千上万的消费者每天花费30分钟浏览 Wish 上的产品。您可以直接将产品卖给使用移动设备的消费者。

 触达相关消费者
我们会根据消费者的人口统计特征、购买行为和收藏夹向相关消费者展示您的产品。

图：Wish 商户平台的 4 大优势

（2）和亚马逊等电商巨头所不同的是，Wish 十分注重娱乐元素，这使其能够沉淀大量的忠实用户

亚马逊作为一家从 PC 互联网时代发展而来的电商巨头，其沿用多年的商业逻辑会阻碍对其创新发展形成一定的阻碍，不难发现，在亚马逊平台中商品交易才是重点。

而对 Wish 而言，其专注于向移动终端的广大用户推荐其感兴趣的商品，不仅用户与用户之间的商品信息存在差异，用户在不同的时间节点看到的商品也存在着明显的区别。

（3）与社交图片网站 Pinterest 所不同的是，Wish 直接为消费者提供商品交易服务

即使消费者在 Pinterest 平台上发现自己感兴趣的图片中的产品，也无法直接在平台上购买。而 Wish 平台中的消费者却可以根据自己的需求购买所有图片中的商品。

以上三点，也是为何 Wish 能够在激烈的市场竞争中走向成功的关键所在，其在移动电商产业中的强大影响力，使其在引起亚马逊、eBay 等电商巨头重视的同时，也吸引了许多投融资机构的关注。2015 年 5 月，《福布斯》曾指出，Wish 已经完成了新一轮超过 5 亿美元的融资，此次融资投资方给予 Wish 的估值为 30 亿美元。

当然作为一家初创公司，Wish 在物流配送及售后服务等环节上还有待提高，获得大量资金支持的 Wish 在今后会更加注重弥补这些不足，从而减少其对消费者的购物体验所产生的负面影响。从整体发展来看，Wish 是要在推荐购物算法领域精耕细作，从而在未来的市场竞争中保持绝对领先优势。

4.1.3　Wish 移动跨境电商平台的运营技巧

◆ **wish 必知卖家规则**

（1）商家资质要求

入驻 Wish 平台的卖家包括多种类型，比如，生产商、经销商、零售商、艺术家及手工艺者等。但卖家必须具备生产、批发、零售的其中一项或者多项能力，才能在 Wish 平台销售商品。

（2）禁售商品

原则上，Wish 平台中禁止销售服务类的商品，但这其中也存在着一定的例外，比如用户要求商家根据自己的需求为自己量身制作服装等。与大多数电商平台一样，Wish 平台中也不允许出售酒精、烟草、毒品、侵权产品、人体遗骸及身体部位（头发和牙齿不在此列）、活体动物、枪支弹药、色情产品、带有歧视色彩的产品等。

（3）客户服务

当消费者对订单提出异议或者要求更换产品规格、型号、颜色等，卖家必须在规定的时间内尽快与消费者协商解决，如果双方无法达成一致，或者卖家拒绝为消费者服务，平台将会按照规定介入。

◆ 卖家注册 wish 必备

图：Wish 商户平台的注册页面

商家在 Wish 平台进行注册时需要具备：

（1）与企业认证相关的文件。主要包括：法人身份证、品牌代理授权证明、营业执照等。

（2）稳定的供货渠道、与物流服务商达成合作、负责网店运营的人才团队等。

（3）按照 Wish 平台的要求，为产品制定相应的营销方案、合理的价格等。

 跨境电商

◆**Wish 选品必知**

由于 Wish 平台的用户主要以移动终端为主,他们购物的时间主要是类似于坐公交、等电梯等碎片化时间,因此卖家在确定产品品类时,应该选择那些不需要经过大量的数据对比就能购买的商品,比如:服饰、母婴、化妆品、3C 电子产品等。价格尽量不要设置得过高,通常保持在 30 美元以下。

◆**Wish 上传产品必知**

使用 Wish 的用户主要集中在移动端,所以卖家上传商品时,产品上传方式与 PC 端存在着明显的差异。而且由于产品展示方式,主要根据掌握的用户数据向消费者推送相关信息,并且在后续发展过程中不断搜集相应数据来对推送的信息进行调整,以此来实现对用户的定制化营销。

所以,卖家在上传商品时,需要在产品的图片、价格、标题、关键词等方面进行一定的调整:

(1) Wish 平台中对标题搜索功能进行了弱化,所以如果卖家寄希望于大量设置关键词的方式来获取用户关注,必定会遭受较为严重的损失,所以卖家在设置标题时,要尽量使其短小精悍,并与产品保持较高的关联性。

(2) 由于 Wish 以移动用户为主,而移动产品在性能上远不及 PC 电脑,所以卖家尽量不要采用过多的图片,一般每个品类的产品使用 4~8 张图片即可。此外,图片必须要保持较高的清晰度,像素一般在 400×400 以上。

(3) 合理设置产品价格,价格过高或过低都不是明智的选择。

(4) Wish 平台中的关键词被称为 Tags,而关键词是影响产品销量的重要因素,卖家要予以足够的重视,Wish 平台中卖家最多能设置 10 个关

键词，顺序靠前的关键词更容易被消费者发现，所以重要的内容要尽量在前置位的关键词中展示出来。为了吸引消费者的注意，可以加入当下的热门词汇、流行语等。

（5）Wish 平台的卖家需要每天更新自己的网店（上架新产品、更改价格、更换图片等，而且 Wish 平台支持对多款产品批量操作），当一周内没有更新时，店铺有可能被 Wish 平台关停。

4.1.4　Wish 平台的数据收集与产品曝光率

随着自身规模的发展壮大，电商平台会对采用的产品曝光算法进行不断优化改善，Wish 平台自然也不例外。Wish 平台在运营过程中，除了不断收集用户数据外，也会整合入驻商家的数据，这些数据会对卖家产品曝光率产生直接影响。

Wish 整合卖家数据时，会重点参照以下依据：

（1）依据一：在线时长

和线下的店铺一样，如果卖家"三天打鱼两天晒网"，消费者必然无法获得良好的购物体验。当 Wish 检测到卖家账号在线时长过低时，系统会将其店铺划分为不活跃店铺，在向消费者推送产品时，这些店铺曝光量会明显低于那些活跃店铺。

（2）依据二：违规率

违规情况包括多个方面，比如，仿品比例、客户投诉率、是否违规出售商品等。由于 Wish 的用户群体的年龄主要集中在 15~35 岁，成人用品、化学品、电子烟等产品属于禁售商品，当卖家违反规定时，会遭受平台的惩罚，违规率越高，曝光量越低，当触及底线时将会被直接封停账号。

(3) 依据三：迟发率

Wish 平台监测卖家的迟发率的方式主要包括查询订单是否及时发货、订单物流信息是否及时更新等。卖家需要注意的是：Wish 监测时将按照其系统平台的数据为准，第三方机构提供的数据不在其参考范围之列，所以即使商家已经在线下发货，物流公司也能查询到相关信息，但未在卖家后台及时更新时，也会被 Wish 平台按照迟发处理。

(4) 依据四：取消率

取消率是指商家由于缺货、价格调整等方面的因素而取消订单的情况，如果卖家取消率过高，Wish 平台将会封停店铺。所以，当出现需要取消订单的情况时，卖家尽量先与消费者取得联系，并向他们说明情况，请求消费者取消订单。

(5) 依据五：有效跟踪率

当出现物流时效体验较差、订单物流状态更新不及时之类的情况时，Wish 平台会予以记录，而且在出现由于配送时间超出规定期限，而导致消费者退款申请时，即便是最终消费者签收订单，卖家也无法获得消费者支付的货款。事实上，同许多电商平台一样，Wish 向卖家转移货款时通常会以是否妥投为标准。如果卖家的有效跟踪率水平较低，其在 Wish 平台中的曝光量将会大幅度降低。

(6) 依据六：签收率

签收率反映了卖家订单的妥投情况，如果卖家能保证绝大多数订单都能在规定时间内被签收，Wish 平台会给予卖家店铺较高的曝光量。

(7) 依据七：订单缺陷率

在一定考核期内的订单缺陷率与卖家收到的中评、差评、投诉及用户纠纷等问题直接相关，评价得到三星及以上的订单才符合 Wish 要求的标准。

2015年10月，Wish平台增加了一个新的规定，如果卖家的产品质量被平台认定为高质量商品，并且在审核期内未出现退货情况时，Wish将会向卖家返还订单该商品订单总额的1%作为激励。而且产品质量得到Wish平台认可时，产品曝光率也会获得大幅度提升。

（8）依据八：退款率（拒付率）

当商品出现由于品质、物流时效、参数不匹配等方面的问题，而导致买方申请退款或者拒付时，Wish平台也会予以记录，当累计到一定的次数时，卖家有可能会遭受店铺封停的惩罚。

（9）依据九：退货率

与退款率一样，当出现因产品问题而导致消费者申请退货的情况时，Wish平台也会进行记录。

（10）依据十：反馈及时率

当卖家收到消费者提出的反馈信息时，必需在最短的时间内进行处理。

（11）依据十一：推送转化率

Wish平台会对每一个不存在同质化竞争问题的新上架的产品，进行为期3~7天的推送，当转化率达不到标准要求时，Wish将会中止推送该产品。这就要求卖家在上传自己的新品时，要对其进行认真的处理，将与其相关的标题、关键词、图片等信息准备完善后，再上传到Wish平台中，从而有效避免浪费推送资源。

（12）依据十二：店铺等级

店铺等级与成交量及用户评价存在直接的关联，Wish平台中的店铺等级采用积分制，为了获取更高的曝光量，卖家需要尽可能地提高自己的分数。

（13）依据十三：产品同质化

同质化问题较为突出的产品，Wish平台不会进行推送，出现这种情况时，可以找生产商进行进一步加工，或者将其作为套装产品组合销售。

(14) 依据十四：企业化

企业化运营的卖家会得到 Wish 平台更多资源的支持，所以有条件的卖家可以选择以公司的名义注册。

(15) 依据十五：产品特色

Wish 会为那些具有一定特色而且符合市场潮流的商品提供更多的曝光量，比如 2015 年在 Wish 平台上十分火热的无人机、扭扭车（一种平衡车）等。

4.2 Lazada 平台介绍、运营基础与实战攻略

4.2.1 Lazada：东南亚版"亚马逊"

2011 年，被称之为东南亚版"亚马逊"的德国科技孵化器 Rocket Internet AG 孵化的 Lazada 平台正式创建。如今，Lazada 已经发展成为东南亚地区最大的电商购物平台。在几年的发展过程中，Lazada 积累了大量的用户，目前其用户主要分布在东南亚地区的印尼、泰国、越南、新加坡、马来西亚等地。

Lazada 平台中的产品主要包括家居、时尚、美妆、保健、电子在内的 13 个品类的商品，而且近两年来平台中的时尚、美妆及保健产品销量增速十分明显。

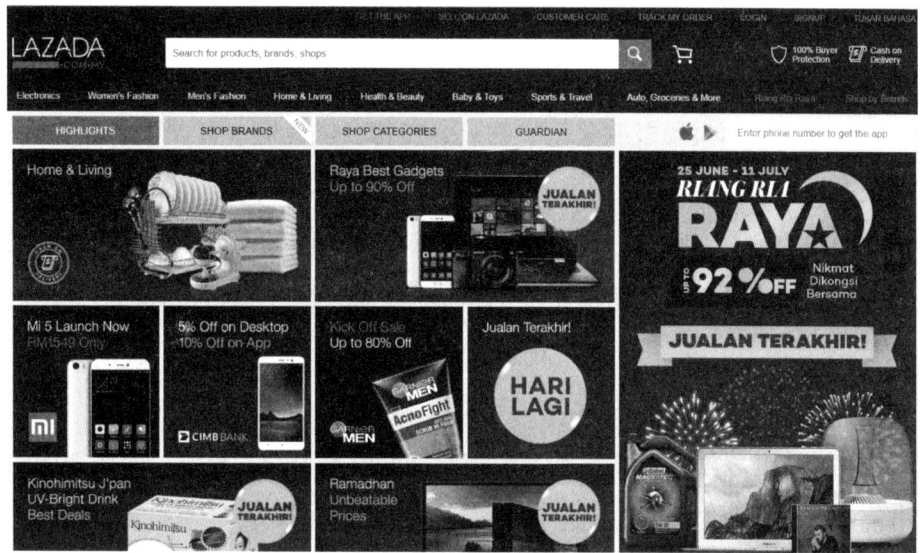

图：Lazada 平台

由 Lazada 官方公布的数据显示，2015 年，Lazada 平台总交易额高达 13 亿美元，移动终端贡献的交易额比例为 60%，累计移动 APP 平台下载量高达 3000 万。截止到 2015 年底，Lazada 平台中的卖家超过 4 万家以上，其能为广大消费者提供超过 1600 万种商品。

Lazada 平台最大的特点就在于其跨境属性，由于东南亚地区国家较多，但每个国家的人口又相对较少，因此为了实现规模化发展，必须要通过跨境电商来引入更多的用户流量。Lazada 在位于东南亚各国的市场中都设立了相应的管理团队，他们在资源共享的同时，也有针对性地进行本土化运营。在供应链管理方面，Lazada 由位于香港地区的专业级采购团队负责在世界各地采购优质商品，并统一进行货源配置。

作为一家善于实施本土化运营的电商平台，Lazada 在东南亚各国开辟市场后，迅速发展成当地最大的电商平台。在整个东南亚市场中，Lazada 具有绝对领先优势。

Lazada 的投资机构主要有 Rocket Internet、乐购、淡马锡、顶峰投资、摩根大通等，截止到 2015 年底，Lazada 融资总额为 7.1 亿美元，估值为 11.2 亿美元。

东南亚电商市场极其复杂，物流、支付、供应链、各国政策差异性、文化差异性这些困难让任何一家想要进入这个市场的电商平台都困难重重。而作为东南亚唯一一个跨六大国家市场的电商平台，Lazada 的特别之处在于其很好地整合了适应本地的供应链、最后一公里快递和支付服务，并最终为希望开拓东南亚市场的全球品牌和分销商提供了独特的解决方案。

由于文化、法律、物流配套设施等方面的差异性，导致东南亚地区的电商市场十分复杂，即便是了解到近年来东南亚电商市场增速较快，强如阿里、亚马逊、eBay 的电商巨头也很难在该市场打开局面。而 Lazada 之所以能够在东南市场立足，最为关键的就是其对供应链、物流及支付环节实现了高度整合，并为世界各国的品牌商、渠道商、零售商等提供了个性化的营销服务解决方案。

与亚马逊、阿里相比，Lazada 成立时间晚了 10 多年，除了被称为东南亚版"亚马逊"外，部分业内人士也将其看作东南亚版"京东"，之所以会出现这种情况，主要是因为 Lazada 在发展初期也是主要销售 3C 家电产品，而且采用自营模式。随着用户规模的不断积累，Lazada 平台逐渐向第三方商家开放，使其产品品类获得了极大扩充，而且 Lazada 还通过自建物流来提升用户购物体验。

东南亚市场中的物流配套设施相对落后，为了解决这一问题，Lazada 制定了一套完善的物流服务解决方案。Lazada 不但与上百家物流公司进行合作，在东南亚地区打造了 61 个最后一里配送中心，而且招募了大量员工建立配送团队。截止到 2015 年底，Lazada 共建成 10 个物流中心，超过 80 个配送网点，拥有超过 2000 辆汽车的配送团队，能够实现次日达的订单占比高达 60% 以上。

据 Lazada 公布的数据显示，东南亚地区有 70% 以上的电商用户没有开通银行账户。针对这一问题，Lazada 为这些用户制定了一套支付服务解决方案，他们可以货到付款，也可以使用 Lazada 平台推出的电子钱包 helloPay，还可以前往附近的合作网点进行付款。针对海外购物用户，Lazada 与国际知名支付公司 Payoneer 建立了广泛的合作关系，能够为广大入驻商家及消费者提供优质的服务。

与诸多经济相对落后的地区类似的是，东南亚地区的互联网用户大部分来自于移动端，在 PC 线上购物尚未大规模普及之际，就有许多消费者开始使用移动终端进行在线购物。为了更好地适应这种情况，Lazada 在移动端购物方面投入了大量的资源，为卖家开发了一个专属 APP，可以让商家们随时了解订单规模、订单状态及物流信息等。

东南亚的地域特色决定了其市场相对复杂，但由于有 Lazada 制定的完善的零售服务解决方案，无论是 Lazada 的自营商品，还是入驻平台的第三方卖家的商品，都可以十分轻松地将商品销售给东南亚地区各个国家的消费者。

虽然，东南亚地区的电商基础环境及配套设施较为落后，但这个市场中的海量人口决定了其电商产业必将在未来爆发出巨大的能量。市场研究机构发布的数据显示，未来几年内，东南亚市场中的电商产业将会以 37.6% 的年平均增长率保持高速增长，预计到 2020 年，东南亚整体电商市场规模将会达到 1250 亿美元。

由于中国、欧洲、北美等地的电商市场已经相对成熟，短时间之内行业格局很难发生明显改变，所以许多电商巨头对东南亚、印度等新兴市场的重视程度愈发强烈。从现有数据来看，东南亚电商交易额仅为其零售额的 1%，未来还存在着巨大的发展空间。虽然 Lazada 在东南亚市场几乎形成了垄断，但其年度交易额仅有 13 亿美元，与阿里的 2016 年财报（2015.4.1—2016.3.31）突破 3 万亿元相比，还存在着不小的差距。

当然，对于国内众多想要发展跨境电商贸易的卖家而言，Lazada 所提供的平台无疑为他们提供了在这个市场掘金的重大机遇。自 Lazada 向中国卖家开放以来，已先后有将近 5000 个中国卖家加入了 Lazada 平台。2016 年 4 月，阿里用 10 亿美元收购 Lazada 的消息在国内引发了广泛热议。当然这对于在东南亚市场多番尝试未能取得成功的阿里而言，直接收购 Lazada 未尝不是一项明智的选择。

4.2.2　Lazada 平台的开店注意事项

作为东南亚地区最大的电商平台的 Lazada，平均每天的用户访问量超过 400 万人次，其用户广泛分布在越南、泰国、印尼、新加坡、菲律宾及马来西亚等地。相对于电商市场格局已定的中国市场而言，仍处于一片蓝海的东南亚市场无疑存在着巨大的发展潜力，而且东南亚大多是物产相对匮乏的岛屿型国家，所以，送货上门的在线网购方式对这些地区的消费者有着极强的吸引力。

保持高速增长的东南亚经济，需要有相应的商品及服务供应者来为其提供更为优质的服务。与中国电商交易额占据整个零售市场交易额 7% 相比，东南亚的电商市场这一数字仅为 1%，巨大的机遇已经摆在了广大国内卖家面前。

那么，国内的卖家如何在 Lazada 平台上开设店铺呢？

◆Lazada 开店有什么条件？

Lazada 对卖家并未设置较高的入驻门槛，而且在其与支付服务公司 Payoneer 签订战略合作协议后，也不再强制入驻平台的卖家拥有外币对公账户。国内的卖家仅需要一张企业营业执照及一个身份证复印件即可轻松在 Lazada 平台上开店。

在 Lazada 平台上注册成为卖家后，负责招商的服务人员会向卖家发送一张登记表格及一张新销售账户信息表格。卖家需要注意的是，在填写登记表格时，公司名称及卖家姓名要使用中文，而地址一栏则应该用英文填写。此外，卖家还需要再注册一个用于收付款的 Payoneer 企业账户。

具体操作流程为：先填写登记表格，待审核通过后，Lazada 会将网签协议及注册链接发送到注册卖家账户时填写的邮箱中，然后卖家下载新销售账户信息表格填写完成后，将申请人身份证复印件及公司的营业执照一起发送给 Lazada 平台。

Lazada 平台需要卖家提供公司执照才能开设店铺，现阶段主要支持卖家使用 Payoneer 企业账号进行收款。对于仅有 Payoneer 卡而未申请 Payoneer 账户的卖家，可以申请一个，需要明确的是，申请账户的公司名称及注册邮箱需要和 Lazada 账号保持一致。

◆Lazada 注册开店流程

（1）在线注册。进入 Lazada.com/sell 网站，填写相关资料，网站的默认语言是全英文，但也可以转变为中文模式。

（2）填写申请表格。第一步完成以后，你会收到注册 Lazada 的欢迎邮件，然后按照提示填写卖家申请表格，并且上传公司营业执照。

（3）激活卖家中心。Lazada 平台会向卖家发送确认邮件，卖家需要按照提示登录卖家中心后重新设置卖家中心密码，从而有效激活卖家中心。

（4）在线测试。卖家将会收到邀请卖家参加相关培训的邮件，卖家需要学习 Lazada 的相关规章制度，并且参与线上测试，卖家必须至少取得 85 分才算是合格。

（5）注册 Payoneer 账户接收货款。卖家需要上传自己的身份证信息、公司的相关文件等用以让 Payoneer 工作人员对其进行考核。

(6) 上传用于审核的产品。产品 SKU 总数不能少于 50，而且质量必须达到 Lazada 的相关要求。

(7) 参加培训课程。该流程只针对少部分卖家，Lazada 后台筛选出需要参加培训的卖家清单后，客服人员会主动与之联系提醒卖家参加培训。

◆ 通过 Lazada 平台，可以在哪些国家销售？

一般说来，Lazada 平台中的中国跨境电商卖家会先在马来西亚市场销售，当销量达到一定的要求时，可以申请向泰国、印尼、菲律宾、新加坡等市场扩展。产品必须保证在 48 小时内发货。

◆ 在 Lazada 平台销售，必须提供哪些文件？

(1) 营业执照。如果卖家拥有东南亚市场各国（印尼、泰国、新加坡、菲律宾、马来西亚等）的营业执照，可以直接使用营业执照归属地的 Lazada 平台注册。

(2) 当国内卖家提供的营业执照归属地是除了大陆、香港及韩国之外的地区，那么卖家必须在大陆地区设有仓库，而且订单也必须全部从该仓库中发货。

◆ 如何确认在 Lazada 成功登记为卖家？

在 Lazada 平台上登记完成后，卖家需要及时登录自己的注册邮箱。一般情况下，当申请入驻平台的卖家成功登记后，系统会立刻向注册邮箱发送电子邮件，卖家收到邮件后，要认真填写申请表格，并提交营业执照。随后，Lazada 会以邮件的形式向卖家发送电子合同，卖家阅读完相关条款，并签订合同后需要等待 Lazada 审核。如果卖家提供的相关数据准确无误，Lazada

会在短时间内为卖家开通卖家中心，并会用电子邮件通知卖家。

4.2.3　Lazada 平台订单管理与物流选择

2015 年 Lazada 正式向中国卖家开通了入驻通道，许多国内经营出口电商卖家开始大量涌入。但在具体的店铺运营过程中，许多新手卖家在订单管理及物流配送方面还有待提升，下面将对这两个方面进行详细分析，以便帮助国内卖家更好地管理及运营 Lazada 平台中的店铺。

◆订单流程状态

（1）登陆卖家后台查看订单信息：点击"Orders"（订单）按钮，并选择其中的"Manage Orders"（订单管理）选项。

（2）处理订单，消费者下单成功且 Lazada 平台成功收款后，卖家中心会产生订单，卖家点击"Pending"（待处理）按钮后即可对其进行处理。为了避免出现由于库存不足而导致的订单不得不被取消的情况，卖家需要对自己的库存进行实时更新。

（3）更新订单。当卖家中心收到用户订单后，必须在48小时内在"Pending"页面点击"Ready to Ship"选项来更新订单，如果出现库存不足或者没有及时发货就需要点击"Canceled"（取消）按钮。

（4）物流配送。如果卖家使用的是 Lazada 提供的物流服务 LGS 进行配送，当快递到达目标国家的物流中心时，Lazada 后台系统会自动对订单状态进行更新；如果使用第三方物流公司进行配送，当 Lazada 后台系统对订单确认有效后，将会将订单状态更新为"Shipped"（送货中）。此外，在"Shipped"（送货中）页面中有一个"Delivery failed"（发货失败）按钮，卖家尽量不要点击该按钮，否则即使包裹成功到达消费者手中，Lazada 也不会向卖家支付货款。

（5）当消费者成功收到包裹并且物流信息及时更新后，Lazada 会将订单状态更新为"Delivered"（妥投）状态。有时，卖家中心的物流信息可能会出现延迟 2 天才会更新的情况，但 Lazada 系统只会在物流信息变为"Delivered"时，才会为卖家结算货款。

注意事项：

★卖家必须在客户下单后的 48 小时内在卖家中心输入运单号，并且及时将订单状态更新为"Ready to Ship"，否则 Lazada 后台系统很可能会根据平台协议将订单取消，卖家也有可能会被收到惩罚，累积次数过多时，可能会面临被封停账号的风险。Lazada 每天会发送邮件来提醒卖家处理订单，因此卖家要及时查看自己的邮箱。

★那些已经被 Lazada 系统取消的订单，就不要再发货了。因为在订单被取消的状态下，即便是卖家向消费者成功发货，Lazada 也不会向卖家支付货款。

★如果卖家发现自己填写的订单号有误，必须在订单更新为"Ready to Ship"后的 48 小时内登录指定网址（https://lazada.formstack.com/forms/change_tn），并按照提示输入相关信息，更改运单号。

★当付款方式显示为"No Payment"时，卖家需要查看消费者是否使用了类似代金券的方式，如果是这种情况，卖家可以发货，反之，就不要发货。

★卖家发出的包裹内不仅要有产品，还必须有正规的发票，而且包裹外还要贴上运单。

★尽可能地避免出现由于库存更新不及时而导致的订单被取消的状况，这能为商家减少许多不必要的损失。

◆ **重要海关规定**

东南亚的国家多达 11 个,虽然目前 Lazada 的业务范围并未覆盖整个东南亚市场,但从其发展势头来看,这不过是个时间问题。这些东南亚市场中不同国家的海关规定存在的较大差异,是各大卖家不得不面对的一个行业痛点。此外,由于国家相对比较分散,卖家在填写订单时需要格外注意订单地址的填写格式。

★ 卖家向客户发送的产品必须符合目标国家的海关规定。

★ 为了避免出现货物被海关扣押的情况,卖家需要向海关如实申报包裹中的商品。

★ 填写申报价值时,要正确按照商品价值如实填写。如果出现销往相应国家的商品价值高于标准规定时(比如:新加坡规定为 400 新加坡元、马来西亚为 500 马币、泰国为 1500 泰铢、印尼为 40 美元、菲律宾为 20 美元),卖家要遵守 DDP(税后交货)贸易规定。当然,上述价值标准会随着相应国家的调整而发生变动,卖家需要随时留意 Lazada 平台发布的相关信息。

★ 及时了解各国关税的调整。

◆ **物流选择**

(1) LGS(Lazada 自建物流)

如果要使用 Lazada 提供的官方物流,就需要在卖家中心的订单配送方式中选择 LGS,然后点击"Create package &Next"(创建包裹及下一步)按钮,按照相关提示输入正确的发票号码等相关信息,为了便于事后查询,卖家还要注意保留这些信息。接着 Lazada 会自动生成运单号,卖家核对发货信息无误后,点击"Ready to Ship"按钮。

然后,卖家要在"Ready to Ship"的页面中点击"Print invoice for selected items"选项来打印发票以及"Print shipping labels for selected items"按钮来打印物流标签,将商品与发票放入包裹内,并在包裹中贴上物流标签后,即可正式进入配送环节。

> 卖家需要注意的是,除了法定节假日以外,必须在收到客户订单后的48小时内将货物发送至Lazada深圳分拣中心。线下发货完成后,卖家要及时在线上更新订单信息(将订单更新为"Ready to Ship")。
>
> 在订单创建后的8天时间内,Lazada深圳分拣中心必须要收到卖家发出的货物,否则Lazada系统会直接取消订单,当包裹顺利到达目标国家的物流中心时,Lazada系统将订单信息更新为"Shipped"(发货中)。如果订单被Lazada取消,无论卖家是否发货,都不会得到货款。

(2) 3PL(第三方物流)

与使用LGS一样,选择第三物流发货时,也要在48小时内发货。卖家首先在订单发货页面选择3PL,并点击"Create package &Next",输入第三方物流提供的运单号,然后点击"Save Tracking Code&Next",填写正确的发票号码,核对相关信息无误后,将订单信息更新为"Ready to Ship"。而且对订单进行发货时,每次只能对一个订单进行操作,不支持将订单合并后发货。

在"Ready to Ship"页面中,卖家要选择"Print invoice for selected items"按钮来打印发票,并将发票与商品一起包装在包裹中,并在包裹上贴上第三方物流公司提供的快递面单,并通知物流公司前来取货,或者将货物送至物流公司。

同样，第三方物流配送模式的卖家也必须在用户下单后的非法定节假日的 48 小时内，将货物交接给物流公司，并在卖家中心填写正确的运单号，将订单信息更新为"Ready to Ship"。此外，卖家必须保证输入运单后的 3 天内，可以在物流查询机构（17track、aftership）追踪到物流信息，否则会被 Lazada 系统直接取消订单。

第5章

"互联网+"时代,传统外贸企业的转型之战

5.1 跨境电商:传统外贸企业转型升级的最佳路径

5.1.1 传统外贸企业转型的必然选择

全球经济疲软以及外贸行业整体竞争力的不足,造成近几年我国传统外贸领域的发展不尽如人意。如2015年的前11个月,我国外贸进出口总值继续双降,比上年同期下降了7.8%。与之形成对比的是,跨境电商行业在电子商务整体生态优化成熟和利好政策的推动下,展现出强大的发展活力,进出口交易规模持续快速增长。

调查数据显示,2014年我国跨境电商的交易规模同比增长33%,达到4.2万亿元;预计到2018年,我国跨境电商交易规模将占到全球跨境电商领域总交易额的一半。传统外贸产业的发展困境和跨境电商行业的迅猛发展,推动了越来越多的传统外贸企业转型做跨境电商,以通过从线下到线上的互联网化转型升级,突破发展瓶颈,重塑竞争优势,实现跃迁式发展。

传统外贸企业转型做跨境电商的动因可以从内部和外部两个维度进行分析。

内部动因	外部动因
☐ 人力成本增加	☐ 传统外贸行业发展前景不明朗
☐ 缺乏核心竞争力	☐ 跨境电商行业发展趋于成熟
☐ 企业融资困难	☐ "互联网+"计划的提出

图：传统外贸企业转型做跨境电商的动因

◆ **传统外贸企业向跨境电商企业转型的内部动因**

（1）人力成本增加

我国传统外贸企业多为集中于东南沿海一带的代工生产厂商，以传统制造业为主，属于低技术含量的劳动密集型企业，其竞争优势在于大量廉价的劳动力。然而，随着国内人力成本的不断攀升，这些传统外贸企业的竞争优势正逐渐消失。

跨境电商模式借助互联网技术和平台，大幅缩减产品价值链的中间流通环节，降低了企业的物流、人力和中间商成本，拓展了企业的利润空间，因而成为很多传统外贸企业突破发展瓶颈、重塑成本优势的最佳路径。

（2）缺乏核心竞争力

核心竞争力是指企业通过整合自身的资源、产品、人力、资金等所建立起来的竞争力。全球经济整体疲软导致国际市场中的有效需求不足，外贸领域的竞争愈发激烈。然而，以往依靠廉价劳动力发展的传统外贸企业，在国内人力成本不断上升的背景下，又无法打造出新的核心竞争优势。

跨境电商是一种基于互联网的全新外贸形态,正处于快速发展和市场开拓阶段,能够帮助传统外贸企业培育出更具优势的核心竞争力,为企业发展提供新思路。

(3) 企业融资困难

传统外贸行业整体发展的低迷使其逐渐失去了资本市场的认可,投资意愿的下降让传统外贸企业越来越难以获得有效的资金支持。与此不同,作为电子商务新领域的跨境电商在近两年展现出了强劲的发展态势,受到政府和资本的广泛支持与青睐。这种状况促使越来越多的传统外贸企业转型跨境电商,以解决融资难题。

◆传统外贸企业向跨境电商企业转型的外部动因

(1) 传统外贸行业发展前景不明朗

我国传统外贸行业主要以定点生产为主,有固定的卖家,订单交易量大,经营流程比较程序化。但是,新常态下外贸订单逐渐转向多次少量、交货时间短的碎片化形态,再加上客户对产品附加值有了更高的诉求,导致我国传统外贸企业在国际市场中的竞争力不断弱化。

2010年开始,我国进出口外贸规模虽然仍在增加,但增速持续下滑;到2015年,外贸进出口总额呈现下降态势,行业整体发展前景不容乐观,传统外贸企业转型跨境电商成为化解危局的重要方式。

(2) 跨境电商行业发展趋于成熟

在传统外贸行业整体不景气的情况下,跨境电商行业却不断发展成熟,吸引了越来越多的参与布局者,同比增长率保持在30%左右。

进口方面,天猫国际、京东全球购等综合性跨境电商平台为普通大众提供了高效、便捷、优质的跨境消费体验;出口方面,亚马逊、全球速卖通等为传统外贸企业提供了线上营销渠道。同时,邮政等国际物流服务系统,支付宝等跨境电子支付体系的不断优化完善,为跨境电商的发展成熟提供了有力支撑。这使越来越多的传统外贸企业开始尝试跨境电商,以通过互联网化转型升级化解发展痛点,实现跨越式成长。

(3)"互联网+"计划的提出

2015年两会政府工作报告中,李克强总理提出了"互联网+"行动计划,以加快推动互联网与各传统行业领域特别是制造业的融合,促进电子商务整体生态的优化成熟,实现整体经济的互联网化转型升级,提升企业的国际竞争力。

"互联网+"行动计划已上升到国家战略层面,受到政府的高度重视和鼓励,互联网与传统制造业的结合成为必然趋势。在这一大背景下,跨境电商作为"互联网+外贸"的一种具体实践形态,越来越受到政府的关注和扶持,各种利好政策不断出台,从而推动了陷入发展困境的传统外贸企业纷纷转型做跨境电商。

5.1.2 传统外贸企业转型的平台策略

传统外贸企业转型跨境电商,就是借助互联网技术、工具和平台,将自己的产品更好地卖给国外客户,或者将国外商品更高效便捷地进口销售给国内客户。对互联网渠道的利用包括两种方式:通过第三方跨境电商平台完成进出口交易,或者企业自建网上商城。这也是传统外贸企业向跨境电商企业转型的两种路径。

◆利用第三方平台

利用第三方平台是指企业利用较为成熟完善的专业性跨境电商平台进行产品的销售。企业将产品信息置于第三方平台成熟的销售网页中,既可以使目标客户获取需要的产品信息,又能够借助第三方平台的庞大流量进行广告宣传、产品促销等活动,从而提升企业和产品知名度,开拓海外市场。同时,企业还能够利用第三方平台的海外仓储系统进行产品储存和中转,从而提高跨境交易的物流服务质量,优化客户交易体验。

总体来看,传统企业借助第三方平台转型跨境电商,有利于快速完成线上转移,更好地开拓海外市场。不过,这种转型路径会使企业受制于第三方平台,难以有效提升品牌知名度,在产品营销推广方面也会受到一定局限。

当前国内较有影响力和受青睐的专业第三方跨境电商平台主要有全球速卖通、亚马逊、天猫国际等。很多没有能力自建网上商城的传统中小型外贸企业,一般都是借助第三方平台切入跨境电商行业,循序渐进开拓市场,逐步转型为跨境电商企业。

◆ **自建网上商城**

自建网上商城是指传统外贸企业整合自身强大的人力、资金、技术等多种资源,建立不受第三方约束的独立的网上商城,以借助互联网渠道更好地将自身产品销售给海外终端客户。这种跨境电商转型路径能够帮助企业更及时充分地获取目标市场信息,并通过对商城的自主运营塑造品牌形象,提升品牌知名度,从而为企业带来更多的流量和交易变现。

不过,自建网上商城需要以雄厚的人力、物力、技术、资金等为支撑,这对大多数中小型外贸企业来说显然是难以实现的。当前来看,通过自建商城的方式成功转型跨境电商的外贸企业还很少,需要内外部整体生态环境的进一步成熟优化。

其实,对于急需摆脱发展危局、想要快速转型的传统外贸企业来说,第三方平台是一个更好的选择。通过比较成熟完善的第三方平台,传统外贸企业不仅可以更快地熟悉跨境电商行业的运作模式,而且也不用承担过多的风险。

当然，对自身拥有较强实力的企业来说，在通过第三方平台掌握了跨境电商的运营规律后，可以在合适的时机自建独立的网上商城，以摆脱第三方平台的约束，更好地提升品牌形象，开拓国际市场。

5.1.3 传统外贸企业转型存在的问题

我国跨境电商行业虽发展迅猛，但毕竟成型时间较短，还有诸多尚待优化完善的内容；再加上传统外贸企业自身在思维、管理、人才、产品等方面的滞后，造成传统外贸企业转型跨境电商的过程中出现了诸多问题。

◆**对前期问题认知不足**

近两年跨境电商的迅猛发展使其成为一个巨大的风口，吸引了众多参与者，这使得很多传统外贸企业在没有充分了解跨境电商的情况下就盲目跟风转型。结果，由于不熟悉跨境电商的运营流程、市场现状和竞争格局，很多传统外贸企业既无法跟上跨境电商行业的运作节奏，也无法敏锐感知和预判可能的风险，自然也就很容易导致转型失败。

同时，多数传统外贸企业的转型都是被动的，是为了摆脱传统外贸行业衰退的窘境，这使企业常常对转型后的发展缺乏明确的构思和规划。因此，传统外贸企业转型做跨境电商，首先需要明确自己的转型只是一次试水和经验积累，还是真正想深耕跨境电商领域，实现从线下到线上的转移。

只有在前期对跨境电商有了深入的认知，对转型后的发展目标有着明确的规划，才能在转型中保证企业内部组织结构的契合性和转型方向的准确性，才能在转型后快速适应跨境电商的运营节奏，及时感知和规避可能的风险。

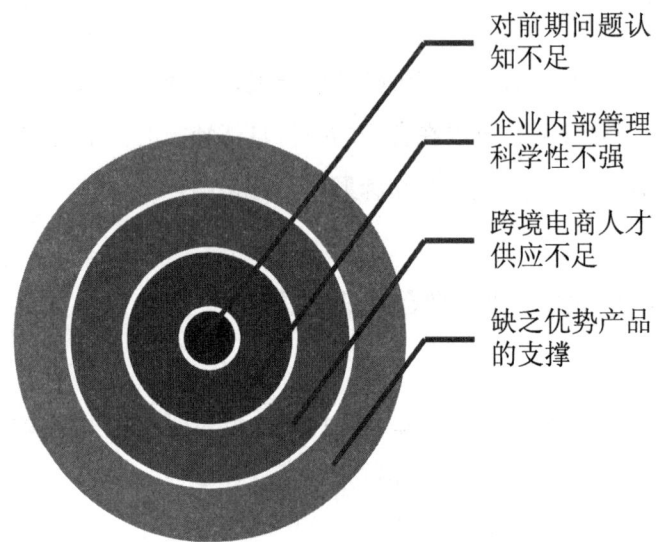

图：传统外贸企业转型存在的问题

◆ **企业内部管理科学性不强**

企业内部管理包括两部分：一是对物的管理，如仓库管理、营销管理、财务管理等；二是对人的管理，主要是处理企业内部成员之间的关系。从我国现实情况来看，大部分传统外贸企业都是中小型的家庭式或家族式企业，在各种血缘私人关系的束缚下，企业内部的管理一般都比较松散，科学性很差。

具体来看，这些传统外贸企业对物的经营方式较为散乱，阻碍了企业资金、物资、信息等高效顺畅的流通运转，造成企业内部资源难以优化配置和高效利用；对人的管理方式的不科学使员工不能真正理解转型跨境电商的必要性、紧迫性和重要性，无法适应跨境电商全新的业务运作模式，从而导致企业在人力资源方面无法与跨境电商的运营要求相匹配。

◆ 跨境电商人才供应不足

从传统外贸行业转型到完全陌生的跨境电商领域,显然需要各种人才的有力支撑。

首先,需要有懂得跨境电商运营流程的人才的指导,企业才能顺利转型。然而,我国跨境电商的快速发展使相关人才供不应求,传统外贸企业也没有足够的资金开出能吸引跨境电商人才的薪酬,这使企业转型无法得到有效的指导。

其次,需要高层领导者制定出明确的转型方向和发展规划。不过,传统外贸企业的管理者大多也是初次接触跨境电商,对该领域的运作流程、经营方式、市场情况等并没有深入的认知,这也会极大影响企业转型的顺利开展。

再次,跨境电商的有效运作离不开熟悉平台合作谈判、跨境客户咨询服务等业务内容的基层员工的支持,而这些恰是传统外贸企业的短板。

专业性人才的匮乏成为传统外贸企业转型跨境电商的重要掣肘因素。

◆ 缺乏优势产品的支撑

优势产品的匮乏造成传统外贸企业转型跨境电商后无法有效打开国际市场,从而阻碍了转型的顺利进行。跨境电商企业需要以有竞争优势的优质产品为支撑,才能吸引更多流量,赢得用户青睐,实现自身发展。

然而,在国际市场中,"中国制造"产品虽然以低廉的价格优势大量涌入全球市场,但在产品质量、品牌形象和服务等方面并没有赢得海外消费者的认同。这导致我国外贸产品在国际市场中一直处于弱势地位,"中国制造"甚至成为廉价低质产品的代名词。

同时,传统外贸企业又主要以订单代工生产为主,很少投入资源打造自己的品牌,这使企业转型跨境电商后的产品依然处于全球产业价值链的末端。

另外，跨境电商是利用互联网渠道将产品直接销售给终端客户，客户运维对跨境电商企业的引流和口碑塑造至关重要。然而，我国传统外贸企业十分缺乏能与全球用户进行有效交流沟通的专业客服人员，这极大影响了客户的消费体验，不利于市场的拓展。

5.1.4 传统外贸企业转型的应对策略

明确了传统外贸企业转型跨境电商时面临的问题，接下来就要有针对性化解相关难题，以保证企业转型后能快速站稳脚跟，构建出独特的竞争优势，实现跃迁式发展。

◆ 做好前期调研工作

转型跨境电商是传统外贸企业突破发展瓶颈的必然选择，但也不能盲目跟风入局。企业应做好前期调研工作，及时获取外部环境最新信息，充分把握跨境电商行业的运作流程，制定明确的转型规划和发展目标，保证企业转型方向的准确性和运营的流畅性。

传统外贸企业可以派遣主要管理人员到相关企业中学习跨境电商的运营模式，了解跨境电商行业的运作流程、市场现状和竞争格局，以制定更为合适的经营目标；有针对性地对企业内部组织结构和人员部署进行调整优化，使其更加契合跨境电商的运营要求。

同时，企业管理者还要增强对外部环境变化的敏感性和洞察力，及时把握有关外贸和跨境电商等方面的政策变化，以制定更加适宜的发展目标，并保证转型的方向性。

另外，企业营销部门也要提高自身的调研分析能力，及时精准地把握市场变化和客户需求痛点，对市场、竞争对手和产品等方面进行深度分析，以快速适应跨境电商运营模式，保证转型顺利进行。

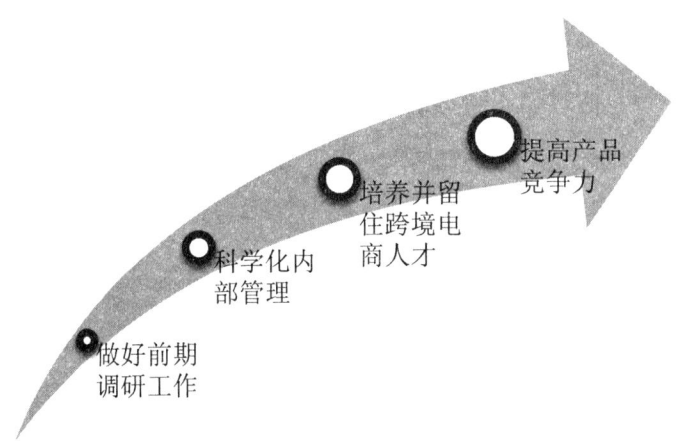

图：传统外贸企业转型的应对策略

◆ **科学化内部管理**

在物的管理上，传统外贸企业要基于跨境电商运营需求，对资金、物资等进行更优化的配置和更高效的利用，重塑僵化滞后的供应链体系，以充分满足跨境电商市场诉求；同时，企业还要在网页技术、系统化信息管理等方面下工夫，为跨境电商运作提供有力的技术支撑。

在人的科学化管理方面，传统外贸企业要有意识地对内部员工进行跨境电商方面的培训，推动员工转变观念，主动接受和学习跨境电商的运营模式；要制定更为合理的薪酬机制，鼓励员工参与到跨境电商转型中；要给予基层员工更多的自主性，充分听取员工对跨境电商运营的相关想法和建议，通过群策群力及时发现问题，让每个成员都成为企业转型的动力源泉。

◆培养并留住跨境电商人才

人才对传统外贸企业顺利转型跨境电商至关重要。企业应充分认识到这一点，建立有效的人才培育体系：内部定期开展跨境电商人才培养课程，邀请专业人员或企业中有相关经验的老员工分享经验，为企业做跨境电商储备足够的人才资源；同时，积极与各个高校进行合作，培养符合市场和企业自身需要的跨境电商人才。

另外，跨境电商发展迅猛，相关人才处于供不应求的状态，因此传统外贸企业还要制定合理有效的人才策略，如为跨境电商高层管理人才提供更高的薪酬，给予其更大的职权；为熟谙跨境电商业务的基层员工提供更广阔的学习发展空间，注重满足他们深层次的心理诉求，等等。如此，才能保证企业对人才具有足够的吸引力，使培育出的跨境电商人才始终都能为己所用，推动企业顺利转型。

◆提高产品竞争力

产品竞争力是企业能否在跨境电商市场中成功站稳脚跟的关键。因此，传统外贸企业需要从质量、服务和品牌三个方面发力，为转型跨境电商提供优势产品支撑。

（1）严控质量

传统外贸企业要从以"价"取胜的思维转向以"质"获胜，从最初的采购环节就进行严格的质量把关，提高原材料和生产环节的检验标准，为客户提供质量过硬的产品。

（2）提升服务水平

要基于跨境电商运营需要对网站客服人员进行严格培训，提升他们的职业素养、外语水平以及与客户的沟通交流能力；要充分利用第三方跨境电商平台成熟优质的海外仓储系统和物流服务系统，为客户提供优质高效的物流服务；要寻求更为高效便捷的线上支付渠道，优化客户的线上支付体验；要不断优化完善退换货和产品维修服务，提升用户的售后体验价值。

（3）打造优势品牌

传统外贸企业要转变以往单纯代工生产的模式，在转型跨境电商时积极打造具有核心竞争力的优势品牌，获取国际市场的认可和用户的青睐，以便吸引更多流量，提高客户忠诚度，保证企业的可持续发展。

品牌塑造不是一蹴而就的，需要企业在转型过程中整合各种资源，为品牌打造提供有力支持，如为客户提供高质量的产品、对产品进行精准定位、开展有效的营销活动、为客户提供高水平的售后服务、进行有效的客户运维，等等。

5.2 传统外贸企业如何有效布局跨境电商

5.2.1 布局跨境电商第一步：市场定位

随着互联网的发展，互联网思维已渗透进企业的管理运营中，传统的外贸企业也开始借助互联网的风口积极转型，布局跨境电商领域。但是跨境电商不同于一般的电子商务，进行转型的企业也不能用传统的思维来进行布局。很多企业在布局跨境电商时，就因走入了误区而破产失败。

◆跨境电商不同市场下的产品定位

对于刚刚从事跨境电商领域的传统外贸企业来说,在布局跨境电商之前就需做好定位。由于不同的国家和地区,其文化背景、风俗习惯千差万别,消费者的消费行为和消费心理也不尽相同,对同一件产品也会产生不同的需求,这就需要产品在进入市场之前,商家进行完善的市场调查,以了解消费者的需求和心理,从产品的包装到营销都符合当地消费者的心理诉求。

例如,欧美国家大多是发达国家,也是竞争最为激烈的外贸市场。出口欧美国家的产品只有满足欧美国家消费者的需求,才会在市场竞争中占据一席之地。根据资料显示,欧美国家进口最多的产品种类是生活用品类,家具、服装、食品等进口比重逐年攀升。

再从细分角度来说,灯具公司在做跨境电商,布局欧美市场时,须详细考查欧美国家的市场行情,有针对性地销售需求量大的产品。在德国、美国等重要的汽车生产国,可以大力销售HID和LED汽车光源;而在法国、英国等人文艺术气息比较浓厚的国家,则增大装饰灯具的出口量。

市场定位从表面上看非常简单,但却需要企业花费大量的时间和精力,才能全面分析出市场发展规律,做好备货等筹备工作。同时,精确的市场定位能为跨境电商奠定坚实的基础,以保障其顺利运营。

◆跨境电商与一般电商的差异

跨境电商不同于传统的外贸以及一般电商,它所面临的市场是有着不同文化背景、生活习俗的国际大舞台,市场环境更加复杂多变;而传统外贸虽然也要与其他国家的商家合作,但是它通常会有一个先内后外的经营过程,即先在国内发展,随着规模的扩大再逐渐向海外延伸。

与传统电商相比,跨境电商要面临的困难更大,它没有一个先内后外的缓冲过程,并且其经营经验需要自己探索。

以产品关键词问题为例,我国的消费者在网上购物时,只要输入关键词就能够搜索到想要的产品,大部分的企业在进军跨境电商时,只是将国内电商惯用的这些关键词进行翻译,然后直接使用。虽然海外的许多国家都使用英语,但是不同的国家,其语言使用习惯不同,并且语言的含义也不同,再加上国内外文化的差异,因此便不能直接翻译关键词,那么企业又该如何设置关键词呢?

(1)根据产品的特点设置英文关键词。由于同一产品在不同地区会有不同的叫法,企业需要做的就是在进行充分的市场调研之后,根据当地的文化习俗选择合适的英文关键词。

(2)根据原定关键词再分析与其相关的长尾关键词,以便海外的消费者在搜索相关产品时,能出现本公司的产品。例如,阿里巴巴作为跨境B2B电子商务平台,以标准化为未来的发展趋势,包括产品信息的标准化、产品橱窗设计的标准化等,并且以关键词覆盖整个产业。当用户对阿里的评分越高时,它的产品信息排列的位置就会更加靠前,其关键字也容易被消费者看到。

跨境电商与一般电商存在诸多差异,关键词的设置只是其中很小的一部分。虽然二者本质上都是电子商务,但在具体的运营当中两者之间的区别却很大,并且从事不同的行业,其经营方法也不相同,需要外贸企业在实际操作中不断总结经验,找到适合自己的经营模式。

5.2.2 跨境电商的市场区域与产品类别

电子商务的最大价值在于借助互联网技术和平台,最大限度地缩减产品从工厂到终端消费者之间的流通环节,从而拓展工厂利润空间,降低产品价格,实现厂商与消费者的共赢。因此,跨境电子商务就是通过减少国内工厂与国外消费者之间的产品流通环节,打造厂商利润最大化和消费者支出最小化的双赢局面。

(1) 2004 年,eBay 易趣的整合重组可以看作我国跨境电子商务发展的开端。彼时,我国产品逐渐被国际市场认可,全球电商巨头 eBay 将目光转向中国,通过收购易趣切入我国电子商务市场,以实现中国与全球市场的互联互通。不过,eBay 的这次跨境电商布局最终也成就了淘宝,甚至多数人都只看到淘宝将 eBay 赶出了中国市场,却忽略了 eBay 对中国跨境电商发展的推动价值。

(2) 2008 年,全球金融危机的爆发让世界经济陷入低迷,我国大宗集装箱出口贸易受到巨大冲击,很多传统出口型外贸公司转向以零售为主的外贸小包出口市场,这为跨境电子商务提供了巨大的市场空间,我国跨境电商开始步入高速发展阶段。

(3) 2013 年,我国电商平台兰亭集势在纽交所上市,大大推动了国内跨境电子商务的发展,使跨境电商受到业界的广泛关注。一方面,之前虽有 DX、中国制造、敦煌网等多个 B2C 平台试水跨境电商,但并没有引起太大反响和关注;另一方面,由于大宗集装箱出口业务受到全球市场疲软的影响,政府转而鼓励以零售小包出口为主的跨境电商模式,各种利好政策不断出台,促进了国内跨境电商的快速成长。

(4) 2015 年初,政府提出的"互联网+"行动计划,加快了互联网与各产业领域的渗透融合。而移动电子商务、农业电子商务和跨境电子商务,普遍被认为是"互联网+"新常态下电子商务极具前景的三个发展方向。

那么,对传统外贸企业来说,应该如何拥抱"互联网+"的时代浪潮,从线下转到线上,有效切入跨境电子商务领域呢?对此,可以从市场和产品两个维度出发,结合各自特点进行分析。

◆ 跨境电子商务的市场区域

整体来看,可以将全球电商市场分为三个区域:

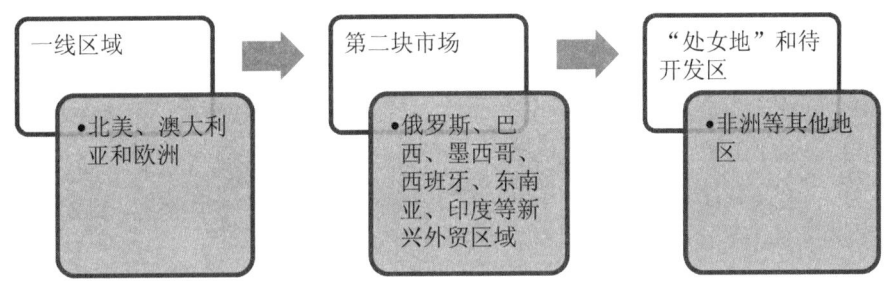

图:全球电商市场的区域划分

(1) 北美、澳大利亚和欧洲是跨境电子商务市场的一线区域

这些地区的电子商务发展比较成熟,消费群体和市场规模很大,多数跨境企业都能在这部分市场中找到合适的目标客户并顺利开展跨境电商业务。例如,兰亭集势、DX等跨境电商平台起步发展时都主要是在这些区域展开业务的。

(2) 俄罗斯、巴西、墨西哥、西班牙、东南亚、印度等新兴外贸区域是跨境电商的第二块市场

这些地区作为世界新兴经济体,市场潜力巨大,经济发展态势良好,是跨境电子商务拓展的重要地区;不过,这部分地区的电子商务发展远没有一线地区成熟,很多规则尚不完善,需要企业具备充分的风险预判和防范意识。

(3) 非洲等其他地区则是跨境电子商务的"处女地"和待开发区

受制于当地的经济发展水平和物流服务能力，这些区域的跨境电子商务当前还难以有效开展。

◆ **跨境电子商务的产品类别**

当前，跨境电子商务领域主要有三个类别的热销产品：

图：跨境电子商务的3个热销品类

（1）品类一：以电子类产品为主

早期在 eBay 等平台上从事跨境电商业务的商家多是做的这类产品。电子类与3C类产品拥有较大的市场空间，是很多商家进军跨境电商的切入点。不过，随着越来越多的人加入进来，跨境电商市场中电子类和3C类产品的竞争愈发激烈，呈现出增速放缓、利润下降等特点。

（2）品类二：以婚纱、家居、饰品、假发等为主的各种装饰品

这一产品品类虽没有3C产品那么大的市场份额，但年增长率很高，是很多从事跨境电商的商家所热衷的产品类别。如国内跨境电商平台的领航者兰亭集势，最开始做的就是婚纱外贸，后来才增加了其他产品。

（3）品类三：汽配领域相关产品

随着汽车的快速普及，这一类别的产品年增长速度很快，区域用户特点较为明确，容易进行本地化操作。与前两类相比，汽配类产品的市场空

间更加巨大，将成为跨境电商争夺的重要阵地。

5.2.3 传统企业转型跨境电商的 4 个误区

◆ 误区一：所有品类都适合做跨境电商

考虑到我国劳动力众多的优势，适合做跨境电商的产品一定要体现出"中国制造"的特点。比如，大批量生产的电子产品及其相关配件，或者价格低廉的服装配饰等。这些产品能够体现出特有的优势来，并具有成本低、利润高等特点。

除此之外，比如体积大、超重、易碎等不容易清关、不适合物流配送的产品不适合做跨境电商。

◆ 误区二：跨境电商的贸易模式可以任意选择

目前，我国跨境电子商务的贸易模式主要有 B2B 模式和 B2C 模式。从一定意义上来说，B2B 模式仍属于传统型贸易，虽然它借助互联网平台发布信息和广告，但是其产品的通关及交易都是在线下完成的。海关已将其纳入一般贸易统计。与 B2B 模式相比，B2C 模式则是一种新的零售模式，它打破中介，拉近商家与消费者之间距离，商家可以直接向消费者发送货物，不需入海关登记。

B2B 模式和 B2C 模式各有优劣，作为跨境电商应根据自身的实际情况抉择应选择哪种贸易模式。通常而言，B2B 模式更适合处于初创期的跨境电商，而当企业发展到一定规模时，有了雄厚的资金以及资源基础，那么可以采用 B2C 模式。

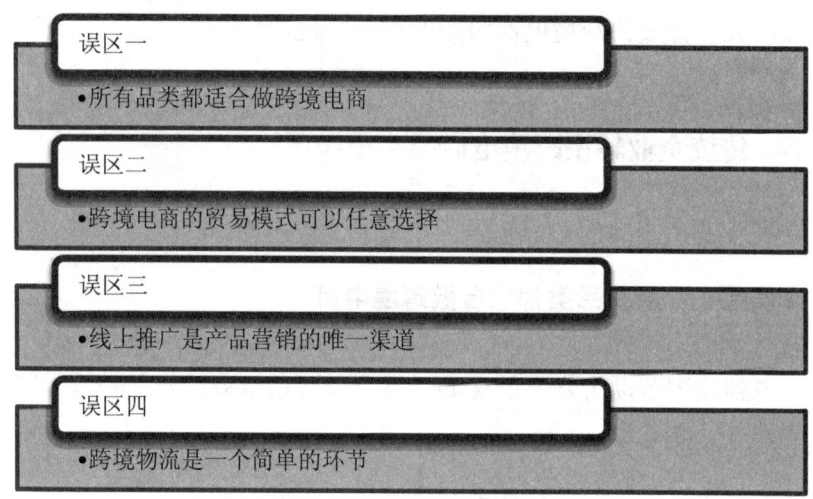

图：传统企业转型跨境电商的 4 个误区

◆误区三：线上推广是产品营销的唯一渠道

阿里巴巴国际站、敦煌网等都是跨境电商的服务平台，为全球的采购商和供应商提供服务。例如，企业可以在这些平台上发布产品信息，以吸引消费者购买，但绝不能把它们当作唯一的产品营销平台。

对于海外的消费者或者合作商来说，在没有见到产品实物之前，所有的产品在他们眼里都是一样的。因此，对于商家来说，除在互联网和电子商务平台宣传产品外，还应注重线下对产品的宣传，为消费者提供优质的服务，将线上和线下两个战场融合起来，共同促进企业的发展。

◆误区四：跨境物流是一个简单的环节

运营跨境电商不是一件简单的事情，除了以上三个误区之外，跨境电商还需要解决以下难题：配送时间长、无法实时追踪、清关障碍等。为此，很多商家开始在海外建立物流中心，存储货物，但是一般来说只有价格高、体积大、易碎、传统物流渠道不能运输的货物才能进行海外仓储。

除此之外，海外仓储的成本过高，会使企业面临更大的风险；而且，海外仓储的货物无法实现退换货。因为进行退换货就需要产品再回到仓储基地，也就意味着出口的产品变成了进口的，而进口产品需要交纳海关关税和运费，其总价格早已超过产品的价值。因此，企业若想建立海外仓储基地，需要公司发展到一定的规模，有能力承担因退换货或产品积压而造成的损失。

传统外贸企业在运营跨境电商时需要明白，理论上的经验并不能解决实际中的所有问题，还需要企业在经营过程中不断进行总结、探索，但有一点不变的是：用户至上，将消费者的需求放在优先考虑的位置。同时，正确看待各种跨境电商平台，趋利避害，以便促进企业发展。

5.2.4 传统企业转型跨境电商的4个关键

传统外贸企业转型做跨境电商，需要注重以下四个关键：

◆ **关键词一：循序渐进**

随着经济新常态的到来和跨境电子商务的蓬勃发展，传统出口企业转型跨境电商成为不可逆转的趋势。不过，对传统外贸企业而言，要在这个全新的领域中站稳脚跟并非易事。转型跨境电商，不是简单地把企业信息放到网上，或者在跨境电商平台上做些推广就可以了。

传统企业向外贸电商转型，在建站或从线下转到线上的过程中，需要首先考虑以下问题：网站设置与目标客户的浏览习惯是否相符，怎样才能方便客户找到自己，建站是否围绕着国外客户的诉求，是否有利于外贸SEO，等等。

总体来说，传统企业转型外贸电商时，应该稳中求快、循序渐进地展开。不论是选择平台还是建立网站,或者发布产品和沟通客户,都要基于目标市场特点和客户诉求,制定完善有效的外贸营销服务方案。

图:传统企业转型跨境电商的4个关键

◆ **关键词二:四大环节**

(1)环节一:产品方面

国内外的产品标准常常有所差异,传统企业转型跨境电商时,在产品上要符合目标市场的相关标准。

(2)环节二:平台方面

包括企业自己建立的独立网站和选择的推广平台两种。前者即人们常说的"官网",是企业面向国外客户的专门网站,需要基于国外客户的偏好习惯设置网站的域名、展示风格和描述语言,以便目标市场中的客户"找得着、看得懂、喜欢看"。后者是在目标市场中具有较高知名度和影响力的渠道推广平台,企业将自己的网站和产品等信息放在这些推广平台上,以便吸引更多的流量和关注。

(3)环节三:营销方面

对于跨境电商企业来说,当国外客户对自己的产品感兴趣时,接下来就是通过有效的营销沟通手段触发客户的购买行为。有研究指出，使用目标市场的母语和客户进行沟通，能够提高五到六倍的交易达成率，而大约四分之三的外贸客户的母语并非英语。由此，使用小语种的本土化推广方式在外贸营销中将发挥越来越重要的功能。

（4）环节四：物流方面

最佳的方式当然是打造企业自主的物流服务链，不过多数中小企业显然不具备这种经济实力。因此，选择合适的第三方物流服务公司进行长期稳定的合作就成为最佳的解决方案。

◆ **关键词三：精准定位**

传统外贸企业转型做跨境电商，需要基于自身和目标市场状况，从战略高度进行精准定位，以保证电商化转型的顺利开展。整体来看，外贸企业转型做跨境电商具有以下优劣势：

（1）优势

专业性上，传统外贸企业在长期的发展中积累了深厚的产品专业知识，对自身产品、竞争对手和行业资讯等方面都有比较全面深入的了解；市场方面，传统外贸企业是围绕国际订单组织生产的，因此在选品（如哪些产品比较畅销、哪些产品的利润较高等）和市场定位（如某种产品在哪个国家和地区更受青睐）方面具有较大优势。

（2）劣势

理念上，面对跨境电商这一陌生领域，传统外贸企业由于对电子商务认识的不足，常选择那些最热门的平台，但最终的引流和交易达成效果并不理想，因此常常在平台选择上不知所措；人才方面，传统外贸企业以英语国家市场为主，因此企业中基本都是英语业务人员。然而，转型做外贸电商后,企业的市场范围将越来越广,对小语种外贸人才的需求也不断增加。小语种业务人才的匮乏也成为传统外贸企业转型跨境电商的不利因素。

◆ **关键词四:趋势使然**

互联网的深度发展普及使传统企业转型跨境电商成为必然趋势。如有研究指出,当前有超过44%的外贸企业已使用海外SEO营销,近30%的企业正在考虑使用这种更有效的营销服务模式。

相比传统的广告方式,基于互联网的搜索营销成本只有传统广告的十分之一,而创造的销售规模却是原来的十倍。通过搜索引擎,企业能够在全球市场中挑选最合适的供应商与合作伙伴,并缩减产品价值链的中间环节,从而大大降低了企业的营销和管理成本,拓展了企业获利空间。

因此,随着我国电子商务整体生态的发展成熟,以及国家政策方面的倾斜扶持,传统外贸企业转型做跨境电商已成为"互联网+"经济新常态下的必然趋势。

5.3 实战攻略:传统外贸企业如何玩转跨境电商

5.3.1 产品为王:注重产品质量和客户需求

传统企业以往以大宗OEM订单为主,货期长、交易规模大;与此不同,跨境电商时代的产品采购特点是多次少量、交货时间短。采购方式的差异要求企业突破传统交易思维的束缚，顺应电商时代的产品采购特点。例如，很多浙江企业在面对电商企业的询价时，仍然坚持3000个以上的起订量，这显然是没能精准把握电商时代的采购特点。

其实，很多成功发展起来的电商企业，都经历了从小订单到大订单的产品采购模式转换过程。最初的小订单是对市场的试水和摸索，大订单则是在把握市场特质、积累营销经验之后的市场拓展和价值回报。

还有很多传统企业，虽然没有建立专门的跨境电商团队、网店或网站，但他们以大卖家为目标客户，也获得了不错的收益；同时，这些传统企业在交易观念上也有所改变，如顺应多次少量的跨境电商采购特点，为小卖家的小额批发业务提供服务。

传统企业具有研发优势，但在对市场变化和终端客户需求的感知和把握方面却相对滞后，远不如零售渠道灵活、敏感。因此，传统企业以产品切入跨境电商市场时，在保证产品质量的基础上，应着力于产品的调研分析，以便精准感知市场变化、把握客户需求，提供更加符合市场需要的高优化产品。

产品调研内容包括产品性能、竞品情况、主要目标市场、国外本土竞争对手情况、客户的产品使用体验、同类产品短板和卖点等。

从产品运营方面来看，秉承"以客户为中心"价值理念的Amazon是传统企业转型跨境电商的最佳平台之一。Amazon鼓励客户在产品销售页面中描述自身的产品购买和使用体验，从而形成口碑，进而通过口碑传播塑造企业品牌形象。

过硬的产品质量是形成良好口碑的保障。同时，若在跨境电商模式中，企业的产品既拥有高优品质，又围绕用户需求解决了同类产品的功能痛点，显然更容易构建出产品的核心竞争力。

例如，美国的C&A Marketing公司有很多品类和买手，每个买手负责一个细分品类。该公司在从事跨境电商时，通过 Amazon、社交媒体等多种渠道收集客户对产品功能的个性化、多元化需求，以实现产品升级，化解功能痛点。如防水型蓝牙音箱，就充分满足了用户洗澡时对音乐体验的诉求。

因此，转型做跨境电商的传统企业，在保持产品研发优势的同时，还要积极通过跨境电商平台、互联网社交媒介等多种渠道收集目标客户对产品的需求信息，围绕用户需求痛点进行产品功能升级，以高优化产品推动自我的顺利成长。

5.3.2 重度垂直：产品细分，明确目标市场

传统企业转型跨境电商时还面临着众多选择问题：建立跨国 B2C 网站或者在 eBay 和 Amazon 平台上开店？是做覆盖众多品类的大卖场还是做专注于一个品类的专营店？

这个问题涉及多个方面的因素，并没有绝对答案。不过，如果企业只做某一个品类，就等于进行了自我设限，因为单个类目的市场规模和发展空间显然无法与所有类目的市场相比。这正是很多没有生产线的采销型企业不断拓展产品品类的原因。

另外，这些采销型卖家入驻的跨境电商平台特点，也推动了它们不断扩充产品类目。当前国内卖家从事跨境电商交易的主要平台是 Amazon、eBay 和阿里的全球速卖通。

与淘宝类似，这些平台上的店铺除非能够通过长期有效的客户运维和店铺形象塑造获取高忠诚度的粉丝用户，否则只能通过不断增加产品类目来吸引流量。

以购买手机为例。在这些平台中，消费者需要购买手机时，通常会以

搜索的方式进入商品交易界面,而不是直接进入某个卖家的店铺。对消费者来说,重要的是通过不同页面中价格、功能等方面的对比找到满意的手机,其次才会关心购买页所属店铺是否还售卖其他的商品。

在这种平台规则的引导下,卖家为了吸引更多关注,会做出吸引眼球的首图、标题,以及通过不断增加店铺的产品类目获得更多曝光的机会。

不过,对于初涉跨境电商运营的采销型卖家来说,选择重度垂直类目、通过细分产品切入市场,比不断扩张品类实现销售规模的增长其实更为划算。因为从投入产出效益来看,在跨境电商运营初期,垂直类目的运营、客服、产品、库存、供应商维护等方面的成本更低,也更容易把控相关风险。

除了产品方面的垂直细分,传统企业转型跨境电商还需要进行目标市场的垂直细分。正如除了炸鸡之外,麦当劳还会在中国卖米饭一样,产品生产者或销售者要根据目标市场的具体需求选择合适的产品。比如,一部手机在不同的国家会有不同的网络制式,一台电器也会因地区的不同而使用不同的电压或插头标准。

即便是完全相同的产品,企业也要根据不同国家和地区客户的使用习惯和场景,进行更加精准化的营销推广。例如,同一个手电筒,澳大利亚的潜水爱好者更关注它的防水功能,而内陆国家的户外运动爱好者可能更关注它的防震耐摔功能。因此,进行市场的垂直细分,准确把握目标市场的使用场景和用户需求痛点,才能实现产品的顺利变现。

转型做跨境电商的传统企业主要包括三类:一是拥有各种产品 OEM/ODM 经验的制造工厂,二是传统 B2B 外贸企业,三是没有产品生产和外贸经验而纯粹跟风跨境电商的企业。第三类企业暂且不论。前两类企业在多年的制造或贸易过程中其实已经积累了诸多有利于进行垂直市场细分定位的"大数据",如某个产品的出口标准、主要市场等信息。

产品类目选择上,第一类传统企业虽在产品和供应链资源方面有着较大优势,但产品品类上的不足常会成为这类跨境电商企业成长的制约因素。对此,企业可以基于自身的供应链优势,整合上下游企业的产品来弥补产品类目方面的短板。比如,以 LED 灯泡为主打产品的企业,可以通过整合上游的 LED 驱动产品,围绕 LED 照明做与智能家居相关的产品。

从更深层面来看,产品选择其实是对企业自身资源的检视。企业首先要保证产品质量,然后基于细分市场特质对上下游产品进行整合,既不盲目扩张类目,又不至于因品类缺乏而影响跨境电商的规模增长。

5.3.3 选择合适的平台,善于社交媒体营销

◆平台选择:商标先行,品牌沉淀

传统企业转型做跨境电商,还要解决好平台选择的问题。在三大主要跨境电商平台中,速卖通发展迅猛,但越来越陷入价格战的恶性状态中;eBay 虽然近两年被 Amazon 抢夺了一些市场份额,但却始终保持着强势地位;Amazon 门槛相对较高,不过其在品牌沉淀方面的优势吸引了越来越多的卖家。

通俗地讲,传统企业选择跨境电商平台时的核心问题和诉求点是:哪个平台能够让卖家获得长久稳定的收益。同时,传统企业的自我定位也影响着平台选择。比如,若企业只满足于倒卖货品,从批发市场采购产品然后通过跨境电商转手倒卖赚取差价,那么 eBay 和阿里速卖通都是不错的选择。

不过,若传统企业想深耕跨境电商领域,希望以过硬的产品质量、市场与产品细分等方式深度布局跨境电商市场,进而实现产品沉淀和品牌塑

造，那么Amazon便是更好的选择。这主要是因为Amazon独特的运作机制和理念更有利于企业做产品的沉淀：包括产品功能、用户需求满足和产品设计上的不断沉淀，以及"从商标到品牌"的沉淀。

具体来看，Amazon平台生态中有一个十分重要的内容，即产品页面中的用户评论。这些评论是用户对产品的真实反馈，包括图片、视频、使用体验等多元化的信息。这些信息既能够为想要购买该产品的用户提供有益参考，又使卖家获取了产品使用信息，从而为优化营销方式提供了方向引导。如上述提到的美国C&A Marketing公司，就利用Amazon平台上的产品评论功能实现了更有针对性的精准化营销。

此外，Amazon对自有品牌产品进行严格保护和大力支持。随着跨境电商市场涌入越来越多的参与者，同质化竞争已成为很多跨境电商卖家的发展痛点。而注册国外商标则有利于商家规避产品的同质化竞争。因此，对于转型做跨境电商的传统企业来说，以有商标、品质好、有市场的产品进驻Amazon平台，有利于获得Amazon的大力支持，实现顺利成长，并通过这些有商标的高品质产品的沉淀，塑造企业的良好口碑，进而实现品牌沉淀。

◆注重社交媒体，善于营销推广

在产品同质化越来越严重的情况下，卖家在平台中的流量获取成本也不断提高。因此，卖家除了注重店铺表现和吸引眼球的产品页面展示，还应该充分利用论坛、书签、SNS等推广渠道获取更多的流量和订单。

产品比较容易仿制，但店铺的运营和推广能力却很难模仿。以往在对竞争对手进行销量分析时，主要关注的是店铺选品。这是因为在没有进入白热化竞争的阶段，只要有比较热销的产品品类，平台上的每个店铺都能获得流量、销售产品。不过，随着跨境电商市场竞争愈发激烈，店铺的运营推广能力对产品销售的重要性越来越大,这要求在分析店铺销量时,应同时关注店铺的选品能力和营销推广能力。

事实上,很多自建网站做跨境 B2C 电商的企业,也更多的是借助外部资源建立有效的运营推广方式,以实现吸引流量和产品销售的目的。推广渠道方面,除了较为熟知的 SEO、论坛、书签等传统渠道,移动互联时代快速崛起的社交媒体,如 Facebook、Twitter 等,在跨境电商的运营推广和信息收集方面,正发挥着越来越重要的作用。

推广方面,社交媒体具有高频、深度、长久的互动特点,能够通过发帖、测评、转发、用户讨论等多种方式,对拥有商标的高优产品进行推广,提升产品的知名度和影响力,从而为企业带来更多流量和销量。

信息收集方面,通过多种形态的社交媒体平台,卖家可以更及时全面地获得同类产品在性能、设计、用户使用体验等方面的信息,从而能够围绕客户的需求痛点不断优化改进产品,实现更加精准化的产品营销和信息推送,提高用户对企业的忠诚度和信任度。这一点与 Amazon 中的客户评论功能类似。

5.3.4 转型落地的关键:跨境电商平台体系

近两年,蓬勃发展的跨境电商吸引了社会各界的广泛关注,广大传统企业寄希望于通过转型跨境电商完成自身在互联网时代的产业升级,但很多传统行业在具体落地时,往往会在对接各种平台的过程中感到十分迷茫。下面将通过对这些平台进行详细分析,来为传统企业转型跨境电商提供重要参考。

◆ **电商平台**

要入局跨境电商领域，传统企业首先需要寻找的就是合适的跨境电商平台，如今市场中存在的几大平台主要包括：京东全球购、天猫国际、亚马逊等。当然如果企业自身具备雄厚的财力物力，也可以选择自建电商平台。

诚然，那些存在较强影响力的第三方电商平台有着庞大的用户流量，品类齐全，而且有它们提供的品牌背书，商家也更容易获得消费者的认可。但其最大的缺点在于门槛较高，普通的中小商家申请成功率较低。对那些自建平台的企业而言，则可以自定规则，无需受到第三方平台的制约，但需要持续不断地投入大量资金，对运营能力及引流能力提出了更高的需求。

传统企业在选择平台或者自建平台时，必须保证平台得到海关部门的认可并授权，它能够与海关系统直接对接，具备进行在线购物、交易、支付等功能，而且能够向物流平台实时发送订单数据。

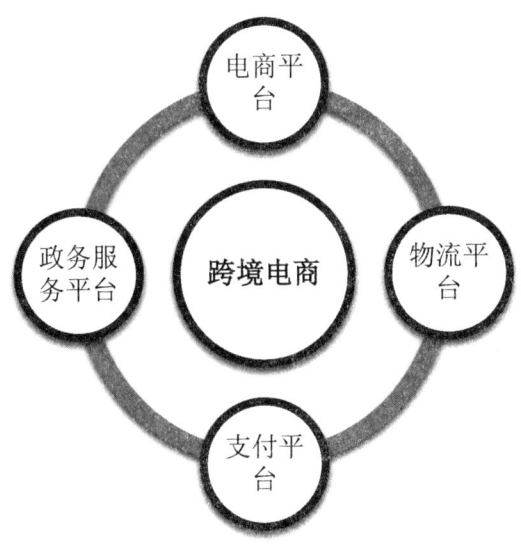

图：跨境电商涉及的平台体系

◆ **物流平台**

根据海关部门的政策要求，跨境电商进口清关的三单必须独立推送，其中的三单分别为电商平台的报关单、支付平台的支付清单以及物流平台的物流运单。由此可见，监管部门对物流平台存在着较高的监管要求，跨境进口电商 B2C 模式中间的"B"正是代表着物流平台，其在承担运输功能的同时，还需要接受海关部门的严格监管。

物流平台接受电商平台发送的订单后，由后台系统生成运单并发送给海关部门。其主要的功能模块有具备运营资质的物流公司、保税仓、报关系统及其他基础配套设施。某种程度上，可以将这种物流平台看成一个报关体系，而且由于其拥有保税仓，也是一种保税仓进口物流模式。

当然，这个物流体系还有待完善，真正发展成熟的物流平台需要在前端直接对接海外转运仓及国际物流公司，后端则对接本土的快递公司，从而形成一个覆盖整个物流环节的配送网络。通常情况下，转型跨境电商贸易的传统企业在对接物流平台时，可以优先选择第三方跨境电商物流公共服务平台。

具体的操作流程包括：传统企业与第三方物流公共服务平台签订合同，商家为物流平台提供海外货源，分批次集中运输至国内的保税仓储中心，由物流平台进行货物管理，接收到电商平台发出的订单后，直接从保税仓发货。

物流平台为商家提供的服务十分多样，比如，渠道管理、全球物流及仓储、货源分销、线上推广等。

◆ **支付平台**

与普通的电子商务相比，跨境电商的支付环节还需要经过付汇环节。

而支付平台想要具备付汇功能,必须取得国家外汇局颁发的互联网跨境支付牌照。付汇环节必须确保个人交易订单的真实性。当消费者在电商平台上完成支付后,支付平台会产生相应的支付信息,此时该支付信息必须单独发往海关部门接受审核,这需要支付平台与海关检验系统实现对接。

支付平台是跨境进口电商平台上完成支付环节的核心模块,所以传统企业选择一个被广大消费者普遍认可,并具备跨境进口贸易支付资质的支付平台就显得十分关键。目前,中国市场内主流的支付平台包括支付宝、微信钱包、财付通、银联、快钱等,而且随着跨境进口电商市场的不断发展,会有越来越多的支付机构将开通跨境支付服务,未来,传统企业可以选择的支付平台将会越来越多。

跨境电商平台与支付平台进行对接的具体流程主要包括:电商平台选择满足自己需求的支付平台并与之建立合作关系,而且该支付平台系统与海关系统已经实现无缝对接,当消费者下单并支付后,支付平台将支付信息发送给海关系统。

◆政务服务平台

类似传统进出口贸易,跨境电商也需要海关、国检、国税及外汇几大政务部门提供支持。跨境电商政务平台涵盖了跨境电商所需要的一系列政务服务,理想情况下,上述几大政务部门都应该接入系统,从而更好地对跨境电商进行有效监管,但我国目前仅海关与国检两个部门达成了这一要求。

跨境电商的进出口商品在通关时,监管部门将会对报关单、支付清单及物流运单上的信息进行核查,数据保持一致而且准确无误后,将予以通行。

未来的跨境电商政务服务平台将会接入多个监管部门的运行系统,从而打通政务服务的各个环节，更加高效快捷地为企业提供优质服务。届时，政务服务平台将提供包括报关、清关、通关、纳税退税、支付结汇、检验检疫、金融服务在内的多种服务，为企业提供一站式跨境电商政务服务解决方案。

第6章

跨境物流:"一带一路"战略下的物流新模式

6.1 得物流者得天下：跨境电商的核心竞争力

6.1.1 跨境物流领域的发展趋势

2014年，跨境电商市场规模的增长速度令人十分惊叹；2015年，跨境电商在多重利好因素下再接再厉，实现了井喷式发展。

根据相关数据显示，虽然跨境电商依然发展得如火如荼，但是增速已经有所放缓，然而国家对其的政策支持以及相关消费需求还在继续增长，所以跨境电商势必要继续实现跨越式发展，而与之息息相关的物流行业也将会迎来新的挑战与机遇。

那么，未来几年，相关的物流行业会出现何种变化呢？

◆跨境电商物流面临行业洗牌

随着生活水平的不断提高，消费者的消费需求呈现出了多样化与个性化的发展趋势，而自2014年开始就广为人知的跨境电商正好能够满足消费者的这些需求，再加上国家在政策方针上对其的倾斜，使得这一市场的发展日益火爆。

如今，经过一段时间的飞速发展，这一市场已经呈现出了阶段性的饱和状态，只有在未来的新方针与市场动态的作用下，才能再次释放消费需求。低价的进口商品不能保证质量、山寨商品与假货猖獗，使得消费者的海淘热情一再降温，这也是影响行业增速的一个重要原因。

不得不承认，随着这一行业的不断开发，选择权已经逐渐过渡到消费者的手中。正如上文所说，消费者的消费需求越来越多样化、个性化，同时对消费体验的要求也会越来越高。那么，与之相关的跨境物流行业必定会呈现出适者生存的状态，面临全新的洗牌。

◆**跨境电商巨头与中小平台物流体系持续共存**

在跨境电商领域，诸如阿里巴巴、京东等综合类的大平台在日益壮大，那些中小型的专注细分市场的中小平台也在不断成长。而与之密切相关的物流行业也相应地出现了分化，即对应大的综合平台的自建物流，以及中小平台多选择的第三方综合服务物流。

大平台自建物流无疑会冲击物流行业固有的体系，并促进行业新秩序的建立。而这一变化会使第三方物流千方百计地避开与行业巨头的正面竞争，另辟蹊径求得生存。如此一来，行业内部的分工就会得到进一步的具化，在未来的一段时间内，二者会保持着一种共存的局面。

◆**第三方物流综合服务体崛起**

尽管几大行业巨头已经占据了极为有利的市场份额，但是跨境电商这块蛋糕实在诱人，越来越多的中小平台借着细分市场的东风挤了进来。然而，中小平台毕竟精力有限，只能将重点放在产品销售与客户维护上，物流就只能依靠第三方服务平台。这样的中小平台不在少数，于是能够提供此类服务的第三方平台就变得"抢手"起来。

当然，第三方平台所能提供的服务并不局限于物流提供的常规服务，除了提供商品仓储、运输等服务之外，还能够提供一系列的增值服务，比如说整合信息、采购、融资等。

◆**跨境电商物流人才专业化要求越来越高**

在上述背景下，跨境电商物流行业内所需要的人才也发生了极大的变化,正在从传统的粗放型向着专业的集约型转变。无论是自建物流还是第三方综合物流,未来的人才需求必定会越来越大,对专业的要求也会越来越高。从企业的角度来看,这是控制成本的一种必然;从行业的角度来看,则是一种发展的趋势。现在已经有很多企业都在着手进行人才的引进以及人才培养计划的实施。

6.1.2 我国跨境电商物流面临的5大痛点

相关公布的数据显示,目前国内的跨境电商行业中有70%的包裹是以邮政小包的形式进行配送,这种配送方式覆盖范围广、价格相对较低,但其仍存在着物流配送周期较长、服务态度较差等方面的问题。

对我国的跨境电商产业而言,如何更加高效快捷地完成物流配送环节,从而为消费者带来极致的购物体验,是跨境电商从业者需要解决的重点问题。具体来说,现阶段跨境电商物流行业面临的痛点主要包括以下几种:

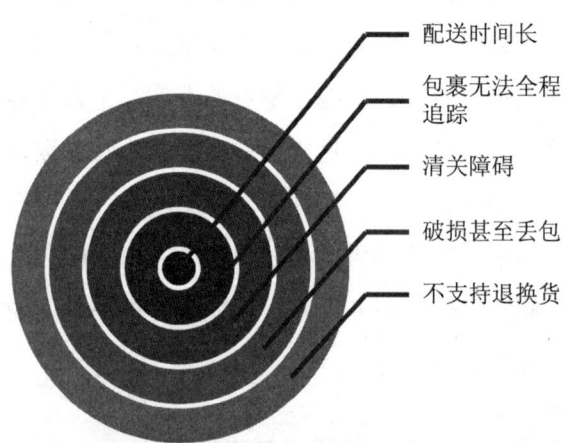

图:跨境电商物流的5大痛点

◆ 痛点一：配送时间长

2013年5月7日，速卖通平台发布公告称，发往俄罗斯地区的包裹最长承诺到达时间从之前的60天调整为90天，这就意味着在速卖通平台上购物的俄罗斯市场用户最长收货周期将达到3个月。而在产品尤其是电子产品更新迭代如此之快的互联网时代，3个月的时间足够一些品牌商完成对产品的更新换代。

据跨境电商卖家给出的数据表明，向俄罗斯、巴西等地使用中邮小包或者香港小包发送包裹，平均配送周期为40~90天。即便是使用速度稍快的专线物流，平均配送时间也要16~35天。较长的配送周期，不但影响了海外消费者的购物体验，更对我国跨境电商产业的发展形成了巨大阻碍。

◆ 痛点二：包裹无法全程追踪

如果是在国内地区，消费者可以通过专业的包裹查询网站或者APP应用随时随地了解包裹的配送状态。但跨境电商物流还涉及境外配送环节，许多包裹发往海外后，卖家基本丧失了对其进行追踪的能力，在那些使用小语种语言及物流不发达的国家，这种问题尤为严重。

要实现对跨境包裹的全程追踪，除了要提升境外物流配送环节的信息化水平以外，还需要国内的物流配送网络与海外配送网络实现无缝对接，实时同步物流信息，从而实现对跨境包裹的全程追踪。但就目前的物流发展水平而言，恐怕还有很长的一段路要走。

◆ 痛点三：清关障碍

一般情况下，跨境物流清关过程需要经过两个国家或地区海关部门的

审核——出口国海关与目的地国海关。而对于出口跨境电商而言，清关的难点主要集中在目的地国海关方面，海关部门对出现问题的包裹处理方式无外乎三种：提供相关文件后即可通行、货物退还给发件单位、直接没收。对卖家来说，提供相关文件的后果无外乎延长配送时间，稍微严重的可能会被卖家投诉，勉强还可接受。但退件及没收，无疑会让卖家蒙受巨大损失。

造成跨境电商清关障碍的因素主要包括两个方面：其一，卖家对目的地国家的进口政策不够重视，比如，产品缺少国际认证机构提供的相关认证、故意低报商品价值等；其二，目的地国家的贸易壁垒高，以巴西为例，进入巴西的国际包裹几乎都要经过海关部门的严格检验，而且发货方必须提供包括货物价值声明、收件人税号、商业发票在内的多种资料及文件，有时即便是资料齐全也会遭到巴西海关部门的各种刁难。

另外，在一些海关机构信息化建设相对落后的国家，由于缺乏强大的智能处理系统提供支持，包裹通关主要流程需要用人力解决。这导致清关效率极其低下，对消费者的购物体验带来了较为严重的负面影响。

◆痛点四：破损甚至丢包

在当前以邮政小包为主的跨境物流模式中，时常会发生包裹损坏甚至丢包问题。使用邮政系统进行跨境包裹配送，往往需要经过4~5次周转才能最终到达消费者手中，复杂而又繁琐的配送环节也很容易导致包裹出现问题。这不仅对消费者的购物体验产生负面影响，更会使卖家的投入成本大幅度增长。

◆痛点五：不支持退换货

在商业贸易活动中，退换货是很难避免的问题。但对目前的跨境电商产业而言，无论配送方式是邮政小包，还是专线物流，或者是商业快递等，都很难为消费者提供退换货服务。造成这种局面的原因主要包括以下几个方面：

（1）跨境物流周期相对较长。由于包裹达到消费者手中需要耗费大量的时间，如果消费者对收到的商品不满意，并想要让商家重新发货，必然要耗费大量的时间。

（2）高昂的反向物流成本。卖家与物流公司之间存在着合作协议，由于其订单较多，往往物流商会以优惠的价格为其提供服务。但如果退换货，就需要从目的地国家将包裹寄回出口国，这种单件运送的反向物流成本要比正向物流成本高得多。

（3）从国内卖家的角度来看，退货属于一种进口贸易，除了需要缴纳一定的关税外，很可能还会遭受我国海关部门的查验。

诚然，以邮政包裹为主的跨境物流配送模式限制了我国跨境电商产业的快速发展，但国内的跨境电商平台及卖家们，也在积极寻求解决这一问题的有效途径。快速崛起的专线物流及商业快递公司，为卖家提供了更为多元的跨境物流服务解决方案，虽然前者在配送区域方面有一定的限制，但其至少能够在一定程度上缩短配送周期，并降低配送成本；后者虽然价格相对较高，但其能够为消费者带来优质的购物体验。

此外，近两年开始兴起的海外仓也为解决跨境物流配送痛点提供了重要支撑，跨境电商平台及物流服务商都相继在海外市场建立集仓储、配送、售后等服务为一体的仓储中心。在物流体系十分发达的欧美市场，建立海外仓已经成为大型跨境电商平台及卖家的主流发展趋势。

可以预见的是，未来将会出现更为丰富多元的跨境电商物流业态，来为跨境电商卖家及海外消费者提供更为优质的物流服务，届时国内的跨境电商产业将会迎来爆发式增长。

6.1.3 赢在供应链：跨境电商的必争之地

财政部、海关总署及国家税务总局于 2016 年 3 月发布《关于跨境电子商务零售进口税收政策的通知》，使长期以来围绕"跨境电商税改"的猜测与讨论告一段落。可以确定的是，在 2016 年，跨境电商领域的竞争会日益加剧，该行业的发展格局也将逐渐清晰。

2016 年是跨境电商领域发展非常关键的一年：一方面，与该行业相关的政策机制发生了比较多的变动，有可能推动行业发展；另外一方面，行业结构的调整与变革更加剧烈。

如今，该领域的竞争主要体现在以下三方面：海外直邮模式与保税模式之间的争夺，平台模式与独立经营之间的比拼，初创企业与实力型电商公司之间的竞争。它们在展开激烈争夺的同时，彼此之间也存在依赖关系，到目前为止，还无法准确推测未来几年会呈现出怎样的发展趋势。

这些模式与不同类型的公司都具备优势方面，无论是产品种类、质量保证、成本消耗、用户体验，还是消费者需求，都可能成为企业胜出的关键因素。从企业自身发展的角度来分析，将所有因素集中起来，最终都归结于一个方向，即跨境供应链，也就是说，针对供应链的竞争，成为跨境电商竞争的焦点所在。

◆ 丰富跨境商品 SKU

站在我国消费者群体的角度来分析，进口产品之所以受到青睐，主要是因为产品质量有保证，并且性价比高。比如，来自海外国家的母婴产品占据我国消费者跨境电商需求的大部分，除此之外的产品种类仍然有很大的开发空间。

如今，消费者的需求逐渐呈分散化，那些能够满足其个性化需求的产品，拥有广阔的发展前景，同时，消费者对这类产品的认可度也比较高。另一方面，立足于企业发展的角度，在竞争日益激烈的今天，突显自身的差异化，能够增强企业的生存能力。

所以，跨境供应链企业应在把握市场需求的基础上，丰富跨境商品的种类，为国内消费者提供更多的选择。

◆**构建更快捷的物流系统**

国内消费者群体的要求比较高，既要商品具有品质保证、价格低廉，还想在最短时间内收到产品，满足各方面的需求，然而，网上购物却在某些方面存在短板。

即便可以利用网络平台传达信息，但产品从经营者到达消费者手中，离不开物流环节，给我国的物流企业带来很大的负担，涉及跨境交易时，商品在运输过程中要经历更多中间环节，消费者可能需要等待几周，甚至数月才能拿到商品。

但作为经营者，为了使顾客更加满意，必须采取措施来完善跨境物流。物流体系的完善，能够从根本上推动跨境电商领域的进步。所以，为了在竞争中占据主导地位，跨境供应链企业在接下来的发展中，将在物流方面集中发力，在这方面具有代表性的例子，是京东与天猫之间展开的较量。

◆**打造自己的爆款商品**

跨境电商企业在丰富商品种类、完善物流体系的同时，还会将供应链的拓展纳入企业的发展战略。目前，大多数跨境电商供应链企业的运营方式，是按照国内的市场需求选择进口产品的种类，向内地引入，但这也会造成其在市场上处于被动地位，不能进一步挖掘消费者需求。

国内的消费群体对海外商品的了解毕竟比较少，相比之下，跨境电商供应链企业对国内外市场状况有着更加深入的研究。所以，这些企业理应作为海外商品在国内市场的推广者，改变传统模式下的被动状态，在消费市场上发挥导向作用，缩小消费者的搜索范围。

另外，跨境电商供应链企业需与国外生产商建立良好的合作关系，在产品质量可靠的前提下，进行产品推广与营销，并通过这种方式提升自己的竞争优势。

从跨境电商的角度来分析，经营者能否取胜，很大程度上取决于商品，不过，具体的采购环节，往往会交给跨境供应链企业，而不是电商平台来承担。跨境供应链企业利用自身的资源优势与广阔的世界市场，可以实现跨境商品的优化配置，为跨境电商的产品供应提供保障，在电商企业的发展过程中占据重要地位。跨境供应链企业之间的比拼，能够对平台的未来发展产生关键性影响。

6.1.4 跨境电商国际物流的5大主流模式

近年来，国内的跨境电商产业迎来了快速发展期，而作为电子商务重要支撑的物流配送服务在提升用户体验方面展现出的强大能量，受到了越来越多的相关从业者的重视。

通常情况下，普通的中小跨境电商商家可以选择国际小包或者由运营平台来发货。但是对于那些拥有大批量订单的大型商家及平台运营方而言，不仅要提升物流体验，更要优化物流成本，因此必须对物流资源进行有效整合，并制定出更为低成本、高效便捷的物流服务解决方案，但在这之前，首先要了解跨境电商有哪些主流的物流模式。

◆ **邮政包裹模式**

邮政物流网络辐射范围十分广泛，基本可以满足绝大多数商家的配送

要求。万国邮政联盟及卡哈拉邮政组织的成立,极大地提升了各国邮政组织之间的合作关系。

其中,前者是联合国旗下的致力于加强各国邮政合作的专业组织,并制定了一些公约法来对成员国的行为进行规范,但是由于万国邮政联盟的成员国数量过多,而且各个国家的邮政系统水平存在着一定差异,导致在推进成员国之间的合作方面并未取得理想效果。

为了解决这一问题,2002年中国、美国、日本、韩国、澳大利亚等发起"邮政CEO峰会",并宣布成立卡哈拉邮政组织。目前,英国、法国、新加坡及西班牙也加入了卡哈拉邮政组织。该组织对投递时限有着十分严格的要求,如果货物在规定时间内未能送达目的地,将由投递的运营商按照货物原价进行赔偿。卡哈拉组织成员国的邮政机构合作十分密切,其物流服务水平相对较高,通常情况下,由中国发往美国的邮政快递,15天内就能送达。

由市场研究机构发布的数据显示,中国跨境出口电商中有约70%的订单都是通过邮政系统完成配送,而中国邮政的订单量约占50%。除了中国邮政以外,中国卖家还可以选择新加坡邮政及香港邮政等。

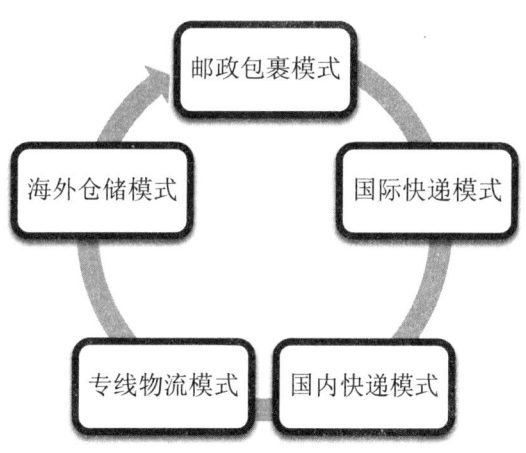

图:跨境电商国际物流的5大主流模式

跨境电商

◆国际快递模式

国际快递模式主要是指由 DHL、FedEx、UPS 及 TNT 四大国际快递巨头自建物流网络的快递模式。其中 TNT 于 2016 年 5 月 27 日被 FedEx 花费 44 亿美元完成收购，国际快递格局变为"三足鼎立"。这些快递巨头通过其强大的物流网络及信息化平台，可以为广大用户带来极致的物流体验。通常情况下，如果使用 UPS 进行配送，从中国到美国的快件最短可以在 48 小时内送达。

当然，极致的服务体验也意味着高昂的成本。仅有那些对物流时效性要求较高的快件才会选择这些国际快递巨头进行配送。

◆国内快递模式

我国能够进行跨国运输的快递公司主要有中国邮政速递（EMS）、顺丰及"四通一达"。在"四通一达"中，申通及圆通在海外业务探索方面起步较早，但直到最近几年才开始大规模布局。2014 年 3 月，美国申通正式落地，一个月后，圆通与韩国最大的物流公司 CJ 大韩通运达成战略合作，中通、汇通及韵达则基本是在 2015 年才开始布局海外市场。

顺丰的国际物流服务是其一大亮点，截止到 2015 年底，顺丰在美国、韩国、日本、新加坡及澳大利亚等多个国家与地区开通了国际快递服务，一般发往亚洲国家的包裹仅需要 2~3 天就能送达。

在国内布局海外业务的快递公司中，EMS 覆盖的范围最为广泛。目前，EMS 可以直达全球 60 多个国家及地区，而且价格相对较低、时效也比较快速，发往亚洲国家一般需要 2~3 天，送至欧美地区则需要 5~7 天。

◆ 专线物流模式

专线物流是指以航空包航方式送往境外，然后再委托第三方物流公司完成配送。专线物流的优势主要体现在它能够将大规模的包裹集中送往目的地，从而发挥规模效应来实现对物流成本的有效控制。

在物流时效方面，专线物流模式虽然不如商业快递，但比邮政配送明显更快。目前国内的物流专线集中在美国、欧洲、俄罗斯及澳大利亚等，此外，有部分公司推出了南非、中东等地的物流专线服务。

◆ 海外仓储模式

在海外仓储模式中，物流服务商为商家在目标市场提供仓储、分拣、配送及售后等多种服务。一般来说，海外仓储模式主要分为以下三个部分：

★ 头程运输，商家借助海陆空及联运将包裹发往海外仓储中心。
★ 仓储管理，商家通过物流系统对海外仓储中心中的货物进行统一的管理。
★ 本地配送，在接到订单信息后，海外仓储中心管理人员根据配送要求选择当地的快递公司进行送货。

此外，市场中还存在着一些创新型的跨境物流服务公司。表面上看，比利时邮政（bpost）属于邮政包裹模式，但其针对的目标客户主要是中高端用户，提供服务质量甚至可以媲美国际物流巨头。

跨境电商卖家及运营平台在选择物流服务时，需要注意以下三个方面：

（1）根据产品的特征，如体积、形态、通关政策等筛选出最为适合的物流模式。以家电、家居产品为例，由于其体积及质量较大，不宜选择邮政配送方式，可以采用海外仓模式进行配送。

（2）快递行业也存在着淡季与旺季，所以商家及平台在选择物流配送模式时要更为灵活，通常情况下，物流旺季时，香港邮政要比比利时邮政更为高效。

（3）向消费者展示出不同物流配送方式的特征，从而让消费者可以根据自己的需求选择合适的物流服务，这样可以有效避免许多由于信息不对称而造成的误解与冲突。

6.2 我国跨境电商物流模式及优劣比较

6.2.1 我国跨境电商物流的3大模式

近几年我国跨境电子商务的迅猛发展，既为物流行业带来了发展机遇，也为跨境物流服务提出了新的要求和挑战。跨境电商物流是围绕跨境电子商务的需求，为客户提供包括仓储、拣货、运输、配送等诸多内容的一站式物流服务，从而以最低的成本和最快的速度实现商品的跨境递送。

跨境电子商务较强的全球化属性对物流服务提出了更高要求，将颠覆重塑传统国际贸易中物流行业的发展环境和竞争规则。当前，滞后的物流服务越来越成为我国跨境电商发展的重要瓶颈。因此，分析跨境电商的物流模式，明确不同物流服务模式的优劣势，有利于跨境电商物流服务的优化成熟，从而为我国快速发展的跨境电子商务提供有力的物流支持。

我国跨境电商物流主要包括三种模式：

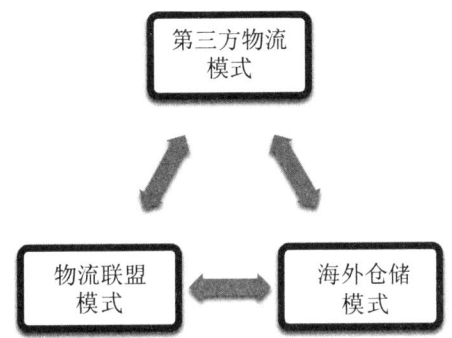

图：我国跨境电商物流的3种模式

（1）第三方物流模式

第三方物流是指由独立的第三方物流服务公司帮助卖方将货品配送到买方手中的一种物流运作模式。随着市场竞争日益激烈，跨境电子商务的交易双方对跨境物流服务提出了更高要求。这种情况下，跨境第三方物流公司应运而生，并以专业化的跨境物流服务大大提高了跨境电商的物流运作效率和水平。

本质而言，第三方物流模式是跨境电商企业将物流服务环节外包给专业物流公司，通过与第三方物流公司的战略合作提升跨境物流的服务效率和质量，实现共赢。

（2）海外仓储模式

海外仓储模式是指跨境电商卖家通过自建或租用的方式在海外目标市场地区建立货物仓储仓库，并将货物先期运送和存储到海外仓库中，卖家在接收到海外订单后，将从离客户最近的仓库中直接进行货品的分拣、包装、派送等工作，从而大大缩短买家的等货时间，优化跨境电商物流环节的服务体验。

不过，并非所有的目标市场地区都适合海外建仓。卖家要根据数据平台信息和采购趋势，预判商品在目标地区的销售情况，综合比较目标地区的市场规模和海外仓储物流服务模式的运营成本,以此决定是否需要建设海外仓。

(3) 物流联盟模式

物流联盟是指两个或两个以上的经济组织通过长期合作的方式实现特定物流目标,是对物流自营和物流外包两种跨境电商物流服务模式的优化整合,在融合两者优势的同时又有效降低了自营和外包两种模式的各种风险。

在物流联盟模式中,各个成员是一种相互依存与合作、共担风险、共享利益的关系,因此能够通过彼此的优势互补,为跨境电子商务提供更优质的物流服务。

6.2.2 第三方物流模式的优劣势分析

◆ 第三方物流模式的优势

(1) 能满足跨境电子商务客户分散的物流需求

跨境电子商务突破了地理空间的限制,借助线上平台强大的连接整合能力将分散在全球各地的客户聚集起来,极大地拓展了企业的市场空间。不过,这也对跨境电商企业的货物集散和配送能力提出了更高要求。

当前来看,国内大多数跨境电商企业都很难满足跨境电商物流运营的高要求,这就需要专业性的第三方跨境物流服务。与电商企业自营物流相比,第三方物流企业可以通过整合众多跨境电商企业的物流需要,集中提供运输、仓储和配送等专业化服务,从而实现规模经济,大大降低跨境物流服务的运作成本。

(2) 有利于跨境电子商务企业提升核心竞争力

本质来看,第三方物流模式是跨境电商企业通过长期战略合作进行的物流服务外包。这不仅极大优化了客户的跨境物流服务体验，还节约了企业的人力、物力和财力，从而使电商企业可以整合更多资源发展主营业务，增强核心竞争力。

（3）从社会总体来看可有效节约社会资源

借助互联网平台的跨境电子商务虽然突破了地域束缚，实现了市场范围的极大扩展，但分散的客户和市场却大大提高了物流服务环节的困难。而专业性的第三方物流服务能够通过对不同跨境物流需求和相关物流资源的整合，获取规模经济效益，从而既有效节约了社会资源，又为跨境电商企业提供了更加高效便捷的全球物流服务。

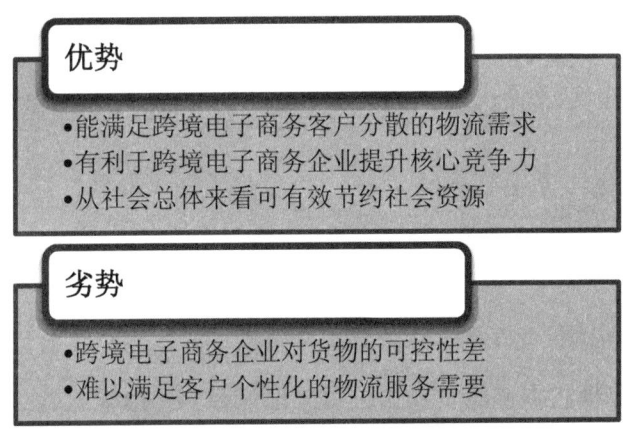

图：第三方物流模式的优势和劣势

◆ 第三方物流模式的劣势

（1）跨境电子商务企业对货物的可控性差

跨境电商企业出于自身实力和运营成本考虑选择第三方物流服务模式，实际上也等于将对物流环节的控制权让渡给了第三方物流公司。

跨境物流时间一般都比较长，在这个过程中跨境电商企业由于信息不对称等原因无法对货物进行有效的追踪和掌控，这显然不利于企业从整体上把握跨境电商流程。同时，在跨境物流服务的范围、效率和质量上，跨境电商企业也受制于第三方物流公司。

（2）难以满足客户个性化的物流服务需要

第三方物流公司面向的是所有电商客户，因此提供的是专业化、标准化的物流服务，以便能够最大限度地满足多数电商企业的物流服务诉求。从长尾理论来看，第三方物流模式针对的是市场"头部"，因而难以满足个性化、多元化的长尾诉求。

然而，在竞争日益激烈的跨境电商市场中，为了最大限度地优化客户的跨境电商体验、增强客户黏性，卖家对定制化、个性化的跨境物流服务需求不断增多，这是第三方物流模式难以提供的。

6.2.3 海外仓储模式的优劣势分析

◆ 海外仓储模式的优势

（1）大幅度提升了客户的物流服务体验

海外仓储模式提前将货物送至目标地区存储，商家收到订单后直接从离客户最近的仓库中发货，大大缩短了客户的物流等待时间，让客户享受到极速的跨境物流服务。从另一个角度来看，海外仓储模式其实是通过提前备货，将跨境物流转化成了本地物流，因而能够大幅减少货物配送的时间。

海外仓储物流模式在运输货物的体积、重量等方面比邮政小包等国际快递服务的限制更少，能够为跨境买家提供更为多元的产品品类选择。在费用支出方面，海外仓储模式需要客户承担的物流费用也比国际快递模式更低。因此，海外仓储模式能够让客户以更低的成本获得更便捷和更多产品品类选择的物流服务，从而大幅提升客户的跨境物流服务体验。

(2)提高了跨境电子商务的服务水平

海外仓储物流模式首先通过传统国际贸易清关流程将大批货品集中运送到目标市场国。这种集中批量式的跨境运输,既简化了出口方的清关程序,又为目标市场国的海关监管提供了便利。而将货物提前送至目标市场地区,有利于提升跨境电商企业对订单的实时物流反应能力;同时,本地化运送能够在线上平台实时查看货品的物流状态,因此大大增强了企业对运送风险的控制力。

从整体流程来看,海外仓储模式让卖家从被动等待物流公司配送变为自主远程控制货物配送全流程,从而增强了卖家对跨境物流服务的掌控力,有利于跨境电商企业提升整体服务水平。

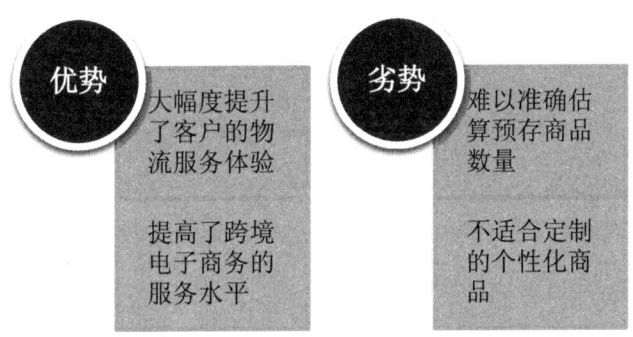

图:海外仓储模式的优势和劣势

◆海外仓储模式的劣势

(1)难以准确估算预存商品数量

海外仓储物流模式是通过提前备货来缩短配送时间、优化客户物流体验,因此,根据目标市场的销售状况和市场趋势精准估算预存商品的数量,是海外仓储服务模式发挥价值的基础。然而,互联网时代商业环境的快速变化和高度不确定性,又使企业常常难以对目标市场规模做出精准判断。

若由于海外仓中提前备货过多导致商品积压,则不仅会影响企业资金周转,还会产生仓储费用,甚至是商品滞销时额外的退运费用;而如果跨境电商企业对目标市场的估算过于保守以致备货不足,则又容易影响海外市场业务的发展,也不足以发挥出海外建仓的应有价值。

(2) 不适合定制的个性化商品

海外仓储物流模式是将一定量的货物预存到目标市场地区,因此只适合标准化的商品,对于个性化、定制化的商品显然是无法提前备货的。

6.2.4 物流联盟模式的优劣势分析

◆ 物流联盟模式的优势

(1) 联盟成员能资源共享、优势互补

跨境电商物流由于涉及跨国运输环节,面临着比国内物流更多、更复杂的问题。而多数做跨境电商的企业或个人受制于自身的规模、实力和专业水平,都无法单独满足跨境电商物流服务的要求,因此联盟就成为一个不错的解决方案。

通过联盟,每个成员都能分享更多的资源,并借助更大范围内的资源整合和优化利用,实现彼此间的优势互补,从而产生"1+1>2"的效应,获得远比独自发展更多的利益。

(2) 能提供更加质优价美的物流服务

物流联盟模式通过对各个成员相关资源的整合,实现了物流资源的更优化配置和更高效利用,从而在包装、仓储、运输、配送等各环节都比企业自营更具优势,有效降低了物流成本、提升了联盟整体的物流服务质量。

同时,与第三方物流模式相比,物流联盟模式能够为企业提供商品的实时物流信息,不会大幅削弱卖家对货物的追踪监控能力,从而使卖家可以有针对性地优化物流服务,提高客户满意度。

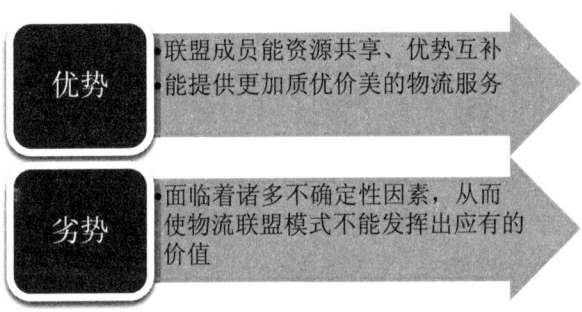

图:物流联盟模式的优势和劣势

◆ **物流联盟模式的劣势**

物流联盟模式由于涉及多个跨境电商企业,因此面临着诸多不确定性因素,难以保证运行效率。当物流联盟由于运作不良导致成员无法获得预期的利益,或者联盟利益分配不合理时,都可能导致成员采取消极合作的态度,从而无法充分发挥成员的优势互补价值。另外,在实际运作中,也常常会由于多种原因导致物流联盟无法有效整合各成员的人、财、物等资源,从而使物流联盟模式不能发挥出应有的价值。

6.3 海外仓:突破跨境电商"最后一公里"难题

6.3.1 海外仓储:新型跨境物流模式

近年来,随着跨境电商产业的快速崛起,解决了业内诸多痛点问题的海外仓储物流模式受到了各路玩家的重视。作为一种有效降低物流成本、缩短配送周期的新型跨境物流模式，它能将跨境贸易实现本土化，进一步提升用户服务体验，最终为企业构建起强大的核心竞争力。

◆ 海外仓储简介

仓储中心是跨境电商产业的重要节点，企业在海外地区建立仓储中心，不仅能够进一步拓展海外市场，而且还能有效降低物流成本。在收到买家的订单后，商家可以从海外仓储中心直接发货，在提升物流体验的同时，还能为买家提供优质的退换货等售后服务，从而有效提升用户的重复购买率，实现口碑营销。

从整体上来看，海外仓储物流模式可以让广大卖家实现对仓储、分拣、包装及配送等诸多环节的有效控制。卖家将自己的货物存储到海外仓库后，当消费者下单时，商家可以在最短时间内做出反应，让距离最近的仓储中心快速发货，有效节约了大量物流成本，使用户体验得到极大提升。

◆ 海外仓储使用说明

国内的卖家可以根据产品的特征及市场需求采用海陆空或者联运的方式，将大批量的商品分批次运往海外仓储中心，而且能够通过库存管理系统对商品进行集中管理。

具体操作过程主要包括以下几个方面：

（1）商家自己或者通过物流服务商将商品发往海外仓储中心。

（2）卖家对海外仓储中心的货物实施远程管理，通过物流信息系统可以对货物品类、数量进行实时控制。

（3）根据卖家指令海外仓储中心的工作人员按照订单要求对货物进行存储、分拣及配送等各个环节的有效控制。

（4）实时更新仓储中心的货物状态，使卖家可以及时对各个地区的仓储中心的货物进行更加合理的配置。

◆ **海外仓储的成本分析**

海外仓储物流成本一般包括三个方面：

（1）头程费用。它是指卖家将产品从我国或者其他国家运往仓储中心产生的费用。

（2）仓储及管理费用。它是指将商品存储在仓储中心产生的仓储成本及管理成本。

（3）本地配送成本。它是指在海外市场对当地消费者订单进行配送产生的配送成本。

6.3.2 跨境电商企业的海外仓储模式

在我国目前的跨境电商交易额中，绝大部分来自于出口贸易。据统计，2010年我国的跨境电商交易额中出口贸易占比高达93.5%，2012年这一数字为90.3%，到了2015年这一数字降为83.2%，虽然有所下降，但在未来几年内，其市场地位不会发生根本性转变。

传统出口贸易中，国内生产的产品在发往海外时，需要经过海外的进口商、渠道商、经销商及零售商等多个环节的层层加价后，最终才能到达消费者手中，在这个过程中产品价格增幅达到了出厂价格的200%~300%。

◆ **海外仓储并非简单"仓库"**

海外仓储运营模式的出现，使得渠道被海外贸易公司长期垄断的国内传统出口贸易产业有望迎来新一轮洗牌。

对跨境电商企业而言，海外仓储运营模式可以让其与合作伙伴实现无缝对接，产品生产商与海外采购商直接进行面对面交易。海外仓储中心不仅承担仓储功能，它还能够作为一个展示企业品牌、提供产品咨询及售后服务的线下网点，其在提升企业品牌形象及核心竞争力方面展现出了强大的能量。

在目前的跨境电商行业中，质量仅为400克的普通商品通过国际快递公司发货需要支付96元，即便是使用EMS也要88元，如果遇到物流旺季，商品需要将近3周才能达到。而直接在海外仓储中心发货，到达目的地的成本约为56元，一般在2天内就能到达，而且还能为消费者提供方便快捷的退换货服务。

不仅物流时效体验更佳，由于使用海外仓储运营模式的企业通常采用大规模的分批次运输，所以其物流成本要比采用零售直邮模式的成本明显降低。根据相关的数据显示，物流成本将会降低20%～50%。此外，由于跨境电商零售直邮模式中，通常采用空运模式，这对产品的品类、体积及质量等方面有了更高的限制。而使用海外仓储运营模式则无需考虑这个问题。

目前，美国、英国、德国、巴西及澳大利亚是我国乃至全世界的几大主流跨境出口电商市场。然而这些经济发达地区的消费者对物流体验要求极高，导致国内卖家在竞争中非常被动。而海外仓储则有望扭转这一不利局面。

◆大企业：租用自营海外仓

以顺丰为代表的快递公司，以及天猫国际、京东全球购等大型的电商平台，已经开始在海外市场大量布局仓储中心，在满足自己使用的同时，也为国内的跨境电商企业提供完善的海外仓储运营服务解决方案。

对于企业巨头而言，他们有足够的资金用于租用海外仓储中心，而且随着业务规模的不断发展，还能够进一步拓展市场份额。更为关键的是，企业在拥有海外仓储中心后，可以通过物流管理系统使其与国内的仓储中心实时同步,打通国内外业务之间的信息壁垒,进一步提升自己的工作效率。

截止到2016年5月,顺丰已经建立了23个海外仓储中心,辐射美国、英国、加拿大、德国、法国、西班牙、俄罗斯及意大利等多个国家。为了布局海外电商市场,顺丰于2014年7月组建了国际电商事业部,先后针对出口贸易推出了俄罗斯小包、欧洲小包挂号、欧洲专递、澳洲小包及美国小包等创新服务产品。

◆ **小企业:合资合作或外包**

对于中小物流公司而言,由于缺乏相应的管理人才及充足的资金,仅凭自己的实力很难完成海外建仓。现阶段,国内的中小物流企业主要通过以下几种方式实现海外建仓:

(1) 与海外的企业进行合作共同组建合资海外仓储中心;

(2) 租用第三方物流企业建立的海外仓储中心;

(3) 采用服务外包的形式通过其他企业完善海外仓储环节;

(4) 使用亚马逊提供的代发货服务。

国内企业布局的海外仓储中心主要位于英国、美国、德国、俄罗斯及澳大利亚等国家。但在这些地区建立海外仓储中心对国内中小企业而言,并非是一件轻易可以完成的事情,面前的阻碍主要包括三个方面:

(1) 过高的人力成本。这些经济较为发达的地区人力成本要比国内高得多,以美国的仓库管理人员为例,企业需要为每个员工最低支付 14~15 美元。

(2) 过高的仓库租金成本。美国地区海外仓储中心年租金在 100~120 美元/m^2 之间,英国这一数字是 80~100 英镑/m^2,德国和澳大利亚这一数字为 60~100 美元/m^2。

(3) 提供信用证明。在海外想要租用仓储中心必须提供企业信用证明,这需要向银行缴纳高额的保证金。

中小企业很难承受如此之高的成本,而部分企业选择在成本较小的波兰及捷克等地建立仓储中心,但是在这些地区的运输成本及时间成本却明显增加。海外建仓模式是一种需要投入大量资金的重资产运营模式,因此中小企业的崛起的机会要比巨头企业小得多。

6.3.3 跨境电商卖家如何选择海外仓

跨境电商的快速崛起,对物流配送服务水平提出了更高的要求,方便快捷的海外仓储物流迎来了快速发展期,在强大的市场需求驱动下,各路玩家纷纷入局。

而对于经营跨境电商的卖家而言,要在品牌林立的诸多物流服务商中寻找到一个满足自己需求的合作伙伴,是摆在当前诸多的跨境电商管理者面前的一大痛点。现阶段,经营海外仓的商家主要有以下三种类型:

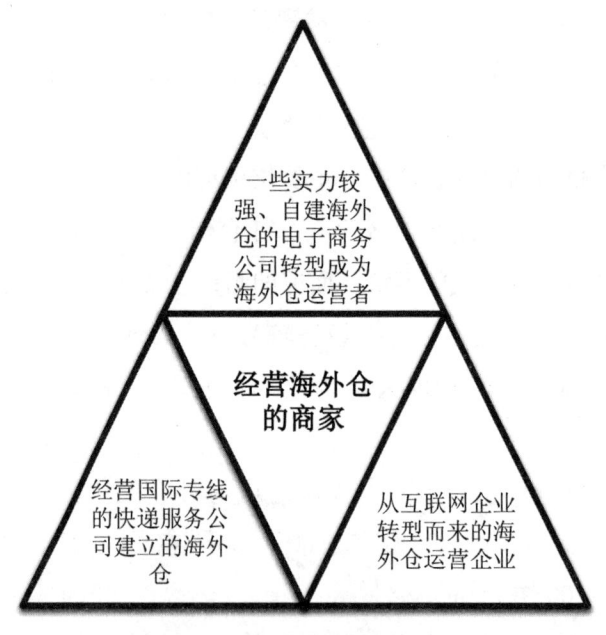

图:经营海外仓的三类商家

（1）一些实力较强、自建海外仓的电子商务公司在激烈的市场竞争中转型成为海外仓运营者

这类实力较强、自建海外仓的电子商务公司由于具备较强的电商发展经验，因此对电商的发展潮流有着一定的把控能力。但是这类企业在其日常的管理实践中，对自营产品与合作伙伴的产品的态度存在一定的差异，有部分企业甚至会山寨他人的产品来抢占更多的市场份额。

（2）经营国际专线的快递服务公司建立的海外仓

事实上，这种类型的海外仓是最早发现市场需求，并发展海外仓运营的入局者。由于长期的国际快递服务经验，而且起步时间较早，它们积累了大量的电商卖家资源。然而在国际快递服务行业中，由于监管政策的缺失导致该行业存在着一定的灰色地带，组织内部员工的业务素质还存在着一定的缺陷，这种隐患会导致商品在配送过程中面临较大的风险。

（3）从互联网企业转型而来的海外仓运营企业

这种企业在物流信息管理系统方面具有绝对领先优势，但在其他方面则明显处于被动，其中部分缺少物流运营经验的公司，甚至将海外仓储运营业务外包给其他企业。

而随着顺丰、天猫及京东的入局，这种局面有望得到有效改观。对于跨境电商物流而言，不但需要强大的物流运营及管理能力，更要在结合电子商务特点的基础上为其开发配套的操作系统。

广大跨境电商卖家衡量海外仓运营公司的实力，主要可以通过以下几个方面：

图：海外仓运营公司的实力

★跨国运输能力。要了解该公司是否拥有一级国家货运代理资质，与其合作的承运商在运输行业线上是否具备较强的运输能力，从而保证物流周期的稳定性及运输质量，这样即使是在物流高峰期，商品也能够源源不断地运输到海外仓储中心。

★贸易清关能力。通常情况下，顶级的国际仓储公司拥有国际贸易经营资质，而且可以帮助其合作伙伴处理清关事宜。由于跨境电商所涉及的产品品类十分丰富，必须要有强大的贸易清关能力提供支持，这需要企业在符合各国海关监管政策的基础上，尽可能地加快通关周期，并降低税收成本。

★仓储管理能力。由于我国目前的跨境电商产业仍处于发展初期，大部分企业仍未能实现盈利，在物流成本方面的投入对于烧钱阶段的各路玩家也是一笔不小的开支。跨境电商产业对商品仓储管理及订单响应有着极高的要求，而且每天又有大量的订单及退换货服务需要处理，这就对运营方的仓储管理能力提出了极高的要求。目前市场中的绝大部分海外仓运营公司恐怕还不具备这种实力。

当然，随着整个跨境电商产业规模的不断增长，越来越多专业级国际物流公司也纷纷布局这一市场。诸多跨境物流公司深耕海外仓物流市场，将为广大跨境电商卖家、运营平台及消费者提供更为优质而专业的物流服务。我们有理由相信，未来整个国内跨境电商产业将会迎来新一轮爆发式增长。

第 7 章

精准营销：跨境电商营销推广实战技巧

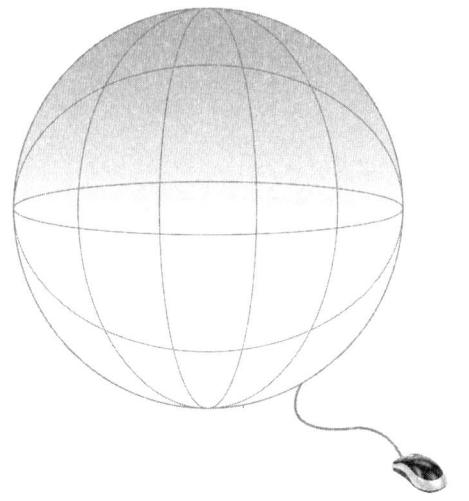

7.1 社交媒体营销：SNS 站外引流，提高店铺转化率

7.1.1 跨境电商社交媒体营销的主要平台

传统模式下的营销以销售为主，目的是让目标消费群体对自己的商品或服务有所了解，最终促使他们消费，现代营销则更加注重与消费者之间的交流互动。仅依靠传统媒体（如报纸、电视等）进行商品推广，无从知晓用户的反馈信息，利用搜索引擎、邮件进行信息传播，也不能达到这个目的。

为了与消费者直接进行互动，有些商家尝试举办线下活动进行产品营销。但是，这种方式需要大量的资本投入，且覆盖范围有限。如今，社交平台被用户熟知并广泛应用，商家开始通过社交网络与用户互动，并进行营销模式的创新。

下面，我们来分析一下几种跨境电商可以应用的社交平台。

◆Facebook

Facebook 是全球第一大社交网站，据该公司 2014 年公布的数据显示，其每月活跃用户大约为 13 亿，同时，有三千万家小规模企业将 Facebook 作为应用工具，通过该平台进行付费广告推广的企业占据其中的 5%。如今，已经建立 Facebook 官方页面的 B2C 跨境电商企业有 DX、兰亭集势等，不仅如此，利用 Facebook 对海外市场进行商品推广的方式开始得到许多电商经营者的应用。

不过，若是针对俄罗斯消费者的电商运营，应优先使用 VK 来取代 Facebook，因为大多数俄罗斯用户以及很多东欧国家的消费者都使用 VK。

◆Twitter

Twitter 是全球第一大微博平台，其用户规模在 5 亿之上。尽管该平台将用户发送的单条信息字数限定在 140 个字符以下，仍然有很多企业通过 Twitter 来发布商品信息，扩大品牌覆盖范围。

举例来说，戴尔公司于 2008 年圣诞节期间在 Twitter 上推出商品促销活动，销售规模超过 100 万美元。美国最大的鞋品销售 B2C 网站 Zappos 的创始人兼 CEO 在 Twitter 上与 Zappos 的忠实用户交流互动，增强了消费者的认可度。

另一方面，跨境电商也可联手 Twitter 上具有号召力的公众人物，来扩大自身产品及品牌的覆盖范围。例如，一些财经评论人在 Twitter 上撰写文章，对时下的财经动态进行评论，通过独特的视角及专业化的解读来吸引用户的关注，将他们转化为粉丝用户。不仅如此，Twitter 于 2014 年第三季度以来新添了购物功能，给跨境电商的商品营销带来了便利。

◆Tumblr

作为全球第一大轻博客网站，Tumblr 上的博文数量已达数亿篇。所谓轻博客，是博客与微博之间的产物，属于一种新兴的网络服务。Tumblr 比微博更倾向于表达，比博客更倾向于为用户提供社交功能。

所以，通过 Tumblr 来推广企业品牌，应该着重选择恰如其分的表达方式。举例来说，相对于将企业或商品信息直接发布到 Tumblr 上，不如以讲故事的方式将品牌信息植入其中，通过生动的故事阐述来打动用户。若博文本身能够引起用户的关注，利用 Tumblr 便能实现较好的传播效果，提高企业品牌的知名度。

跨境电商平台的产品不仅数量多，种类也十分丰富，若以故事化表达方式来进行产品营销，也能够推动品牌的建立，通过品牌营销的方式来提高产品销量。

◆ YouTube

YouTube 是世界第一大视频平台，广受用户欢迎，很多用户通过该视频网站发布、观看与共享视频信息。通过 YouTube 传播的视频内容能够在更短的时间内实现更大范围的扩散。例如，鸟叔的《江南 Style》通过该平台的传播，不久后便家喻户晓。所以，跨境电商企业利用该网站来推广企业品牌及商品，也可以获得理想的效果。

企业可以在 YouTube 上发布趣味视频来获得用户关注，或者将商品推广信息融入新颖的视频表达中，也可以邀请社交达人对自己的视频广告进行评价等等，增强对用户的吸引。

◆ Vine

Vine 是一项短视频服务，隶属于 Twitter，该应用投入运营后仅半年零一个多月的时间，其用户规模就达 4 千多万。6 秒钟的视频表达形式受到众多年轻用户的青睐，文字添加功能也是该平台的特色之一。

相关的统计结果显示，在 800 个电商零售企业中，有 304 家企业通过 Vine 来推广商品信息。从跨境电商经营者的角度来分析，利用该平台进行品牌推广不仅能够达到营销效果，还能降低成本消耗。视频传播形式能够以三维视角对产品进行实景还原，还可以在一段视频内呈现同一系列产品的不同种类，除此之外，也可在为用户提供日常指导信息的过程中融入品牌信息。比如，销售围巾的商家可以将围巾的不同系法拍成视频发布到 Vine，并将品牌信息结合在视频介绍中。

除 Vine 之外，MixBit 也主打视频服务，视频时间达 16 秒，比 Vine 稍微长一些；隶属于 Facebook 的 Instagram 同样推出 15 秒的视频服务。

◆ Pinterest

Pinterest 是世界第一大图片分享平台，到 2015 年 9 月，其月活跃用户已经超过一亿。对跨境电商平台而言，图片宣传还是十分有必要的，好的商品图片能够引起用户的关注，激发他们的消费欲望。经营者可开通独立的品牌页面，专门用来发布商品照片，与潜在消费者沟通交流。

Pinterest 平台于 2014 年 9 月上线广告业务，商家可通过图片形式进行商品营销，链接商品的购买地址，方便用户直接下单。除此之外，该平台还对用户数据进行分析，把握用户的内在需求，提高信息推送的针对性。所以，对跨境电商企业来说，采用 Pinterest 的广告推广方式也是不错的选择。

除了 Pinterest 之外，Flickr 及 Snapchat 平台也提供相关的服务项目。

◆ 其他社交媒体

社交媒体具有广阔的覆盖面，上文中提到的几种社交平台仅是几个代表性的例子。另外，博客、论坛、问答社区等也可作为电商企业的推广平台。

通常情况下，专业化标准较高的商品会将这些平台作为营销渠道，比如电子产品。典型案例是 DX，该企业以计算机、通讯及消费电子产品的经营为主导，该公司在早期发展阶段就十分注重论坛营销。LinkedIn 是世界第一大职业社交平台，适用于面向职场人士的商品营销，此外，很多电商企业也通过 Google + 引入流量。

近年来，商家与用户之间的关系维护在整个营销过程中占据着越来越重要的地位，社交媒体能够在二者之间搭建桥梁，为企业的品牌营销带来便利，并节省大量投资。跨境电商企业应充分认识到社交媒体在营销过程中发挥的重要作用,采用适合自己的运营模式,利用社交媒体与目标用户保持密切联系,挖掘其商业价值。

7.1.2 跨境电商在 Facebook 的营销操作实战

2004年2月4日,美国社交网站 Facebook 正式上线。根据主要创始人马克·扎克伯格的设计,用户可以在该平台上与好友进行沟通互动,浏览新闻及其他信息内容,发布自己的生活动态等。

目前,Facebook 已经发展成世界第一大社交网络服务平台。根据相关统计,到2015年底,Facebook 的月活跃用户已达15.9亿,超过其他所有社交网站的用户规模。到2016年,已经有189个国家在使用 Facebook。Alexa 网站对130多个国家的 Facebook 使用情况进行了调查,其中,超过90%的国家对 Facebook 的应用已经比较普遍。

由于 Facebook 在互联网社交领域的影响力已经不容忽视,Facebook 营销也成为 SNS 营销的重要方式。近几年,国内很多跨境电商经营者已经开始利用 Facebook 进行站外推广,并且取得了不错的营销效果。不过,对大部分国内的跨境电商运营者,尤其是新的创业者而言,跨境电商的 Facebook 营销还是一个比较陌生的领域。

跨境电商运营者通过 Facebook 进行营销的目的,主要表现在两个方面:

其一,塑造企业和品牌形象,吸引更多粉丝,进而将粉丝的关注度转化为企业的销售额。

其二,将 Facebook 作为企业的广告平台之一,合理利用 Facebook 的广告功能,进而吸引更多用户,提升企业的投资回报率。

下面,我们分别从这两个方面切入,为有意通过 Facebook 进行营销的跨境电商运营者提供一些参考和借鉴。

◆粉丝量的积累和企业知名度的提升

根据相关统计,在 Facebook 的 15.9 亿月活跃用户中,每个 Facebook 用户大约有 130 位好友,与 80 个组群保持联系,彼此之间的关系比较稳定,同时,用户之间的互动比较频繁,经常进行信息共享。

利用 Facebook 粉丝页进行品牌营销、挖掘粉丝经济可达到十分理想的效果。在进行贴文发表时,用文字描述的同时,可以搭配精美的图片、引人入胜的视频或者方便用户进行深入了解的链接,以有效扩大品牌营销。与此同时,为了吸引粉丝的参与,还可组织线上活动,鼓励粉丝进行评论、转发或点赞,增强用户的认可度,建立品牌信誉。

另外,每个 Facebook 用户都有自己独一无二的身份认证信息,跨境电商运营者可在数据收集及分析的基础上了解粉丝的喜好及习惯,以此为参考数据进行精准营销。不仅如此,还能在这个基础上筛选出更多潜在目标群体。经营者可通过贴文形式发布品牌内容,促使用户参与贴文互动,进行内容的评论、转载等,带动其他用户的参与,扩大覆盖范围,为商家积累更多的粉丝用户。

虽然对企业来说,通过 Facebook 积累粉丝和提升企业知名度是一种性价比非常理想的营销方式,但由于按照 Facebook 平台的最新算法,企业的贴文一般仅能够被不足 10% 的粉丝浏览到,因此,如何充分利用 Facebook 的广告功能就显得至关重要了。

◆广告功能的发挥和投资回报率的打造

Facebook 的广告形式具有多样化的特点,比如:图片、视频、轮播链接、动态广告、信息流广告、幻灯片广告、跨应用移动广告网络 Audience Network、Right column 等。跨境电商运营者通过多样化、全方位的广告投放,使得信息流图片、动态广告、视频广告、轮播链接广告等多种形式可实现跨平台展示，辅之优秀的创意和素材，能够有效实现跨屏投放无缝衔接，将产品信息准确传递给目标用户。

一般来说，决定跨境电商运营者发布的广告效果如何的因素主要有两点：其一，是广告涉及的受众选择等细节设置是否合理；其二，即商家的产品是否有足够的吸引力，质量、性价比如何。

那么，假设产品的质量、性价比等无可挑剔的情况下，跨境电商运营者打造的Facebook广告应该具备怎样的条件呢？

(1) 受众选择科学合理

对跨境电商运营者而言，一则Facebook广告的受众可以细分为三类：

①核心受众。核心受众即其关键词标签能够直接与产品对应的Facebook用户。比如：商家经营的适合年轻女性的服装，就可以通过Facebook的兴趣标签定位到年龄在15~35岁之间、热爱时尚、喜欢购物的女性用户。

②自定义受众。自定义受众的获得途径主要有两个：一是通过商家的客户邮箱资料自动匹配到的Facebook用户；二是通过匹配企业官网或店铺页面与Facebook的浏览记录，而锁定的Facebook用户。目前国内的微博等平台也可以自动匹配用户的淘宝账号，并推送相关广告信息。

③类似受众。即通过与商家相关的用户的共同特征，基于这些特征数据建立一个模型，并从中选取Facebook用户。比如：商家可以将所有在平台购物的客户特征建模，进而从Facebook平台寻找目标受众。

这三类受众的价值都是不容忽视的，商家还可以再进一步根据受众的价值安排广告的预算等，以获得更为理想的营销效果。

(2) 广告素材设置有效

一则好的Facebook广告其所使用的广告素材也应该是有效的，比如：

①广告使用的图片中使用了企业或品牌logo等特定的标识。

②广告使用的素材包含了产品的价格等用户希望了解的信息。

③广告中商品的展示非常立体,方便用户更全面地了解商品。

④广告中商品的展示注重与用户的交流和沟通,能够唤起用户的情感共鸣。

……

更好、更有效的广告素材设置,也会为广告带来更高的点击量,进而为商家带来更高的流量,也必然有可能转化为更高的销售额。

◆ **跨境电商 Facebook 营销的实战技巧**

除了以上提到的跨境电商运营者应该通过 Facebook 如何积累粉丝和进行广告投放外,商家在使用 Facebook 平台进行营销时还应该掌握以下技巧:

(1)将企业的官网或店铺页面等链接接入 Facebook 页面,方便用户浏览和购物。

(2)记录用户从 Facebook 广告进入商家网站后的行为数据。商家可根据这些信息分析用户的意图,了解用户的兴趣点,并以此为参考对自己的营销方式进行调整、改革网站布局等。

(3)推出符合不同设备、系统特征的营销方案与广告形式。若是应用推广,用户点击广告后,能够自动弹出应用中心的安装界面,方便用户直接下载安装。另外,还能直接为用户打开应用中指定的页面,比如注册页面、登录页面或推广某个活动的页面。

(4)利用 Facebook 进行活动推广。用户浏览到推广信息时,能够直接参与该活动,还能通过 Facebook 的日历功能将自己参加的活动记录下来。后期,商家可通过平台向参与者推送相关信息,并对活动参与人数进行统计。

(5)可推出优惠活动,调动用户参与的积极性。也可以进行产品促销,为会员提供特价等。

（6）采用视频推广方式，以精彩的情节设置打动用户。

（7）允许幻灯片形式的推广，这种广告制作比完整视频要简单一些，适用范围更广，可在所有网络覆盖范围内的设备上展示。

（8）允许轮播广告形式，能够一次性推广不同产品或服务，也可进行不同活动的宣传。

（9）可以利用动态产品广告进行营销。使推广内容更加精准，更符合用户需求。动态产品广告能够将用户浏览过的商品呈现出来，增加对用户的吸引。商家也能掌握动态产品广告的营销状况，筛选出转化率较高的广告类型。

（10）Facebook能够依据位置为商家提供营销服务，商家可以将自己所处的地理位置及预期的宣传范围发送给平台运营方，Facebook就可以锁定周边的用户进行信息覆盖。

◆ 跨境电商Facebook营销的优势

（1）帮助跨境电商企业提升品牌影响力

Facebook的月活跃用户已达15.9亿，为企业营销提供了足够的用户基础。为了扩大品牌宣传，企业可将自己的品牌故事用创意图片、视频或动态广告的方式上传到Facebook。而Facebook平台也为企业的品牌广告提供了很多展示机会，将其与用户好友的动态消息放在一起推送。若用户对某个企业的品牌产生情感上的共鸣，则该用户转化为企业消费者的可能性也会增加。

（2）帮助跨境电商运营者提高营销效果

跨境电商运营者可通过Facebook平台进行广告投放，实现跨设备推广，在电脑、平板、智能手机上推送信息。同时，可在后续运营过程中通过Facebook提供的服务对推广效果进行监测，并利用大数据技术掌握用户的个性化需求，提高信息推送的针对性。若推广效果不理想，还能及时改变营销方案。

（3）为跨境电商企业提供了营销推广的多种可能

跨境电商企在推出与商品有关的新应用时，也可利用 Facebook 进行宣传推广，吸引用户的关注，从中筛选出对自己产品或服务感兴趣的目标用户，实现转化。比如：经营服装的跨境电商企业推出与服装试穿有关的移动应用时，就可以在 Facebook 推广。

7.1.3 跨境电商在 Twitter 的营销操作实战

进入移动互联网时代，越来越多的社交化媒介平台成为商家引流变现的重要渠道，移动社交电商的创新模式为电商发展提供了更大的想象空间。下面我们以社交娱乐平台 Twitter 为例分析社交平台中的营销技巧，以便为跨境电商卖家进行社交引流和营销变现提供借鉴和启发。

◆ **实名注册并用好记的网名**

Twitter 平台中的用户多是实名认证用户，这大大增强了网络社交中人们之间的信任关系。因此，想要在 Twitter 平台进行社交引流的商家，也应该进行实名注册，这有利于提高其他用户的认同感和信任感。

同时，商家使用的网名和用户名也要以具有特色、方便记忆为标准。在 Twitter 平台，网名会显示在用户定制的 URL 中，如"twitter.com/你的网站地址"或"twitter.com/你的讨论主题"，这个 URL 地址也会成为其他用户搜索的静态地址。用户名可以提高其他用户的信任度，当他们进行搜索时，该用户名便会出现在索引结果中。

◆ 重视你的个人资料

Twitter 中个人资料的编写十分重要，它会被纳入搜索引擎中供其他用户搜索，而且任何关注你的用户都可以看到你的资料。因此，商家要把个人资料看作最重要的 Tweet 来编写，其中不仅要尽可能包含品牌或店铺名，还要与 Twitter 保持较强的相关性，以方便其他用户的搜索。

◆ 了解行业关键词

不论你是否擅长写营销推文，都应该首先查看一下行业关键词，以及其他卖家或企业是如何发送相关的 Tweet 的，以便从中获得灵感和启发。而且，在能够兼顾用户感受的情况下，最好也以行业关键词开头发布推文，以提高 Tweet 被搜索到的概率。

另外，在查看关键词和其他商家的推文以及自己发布 Tweet 的过程中，还会发现 Twitter 中对行业有着高度关注和兴趣的活跃用户。商家应该重点关注这部分用户，去了解他们关注的内容及关注点的变化，以便让发布的 Tweet 更有针对性和引流效果。

◆ 适当互动并发布有价值的内容

当经过一段时间运作积累了一定量的关注者后，商家便需要适时与他们进行互动，以真正发挥 Twitter 的社交引流功能。需要注意的是，发起的互动话题要有价值、能够引起人们的兴趣，同时互动频率也要适度，以免导致其他用户的反感，背离预期的推广目标。

另外，发布 Tweet 一定不能过于频繁，避免给粉丝一种强推和刷屏的感受。其实，相对于将推介内容一次性发布出来给人一种繁琐冗长的印象，有策略性的分开发布反而更容易引起关注者的查看兴趣，提高 Tweet

的点击率。

◆ 推广自己的 Twitter

商家不应局限于 Twitter 中,可以在其他可用的社交网站,如 Facebook 上推广自己的 Twitter。这种将 Twitter 信息导入 Facebook 等其他社交平台的方法,可以大大提高商家 Twitter 页面的访问量,实现更大范围的社交引流;同时,这也有助于提高商家 Twitter URL 被收录的机会。

◆ 使用清楚的语言

移动互联时代,时间和场景的碎片化使人们更加青睐简洁方便的阅读方式。这意味着如果内容无法引起用户的兴趣,或者语言表达太过繁琐模糊,就很容易在智能手机上被"一刷而过",Twitter 用户也不例外。

因此,要想在快速变化的碎片化时间和场景中抓住用户眼球,Tweet 必须使用尽可能简洁直白的语言,让关注者一眼就能明白表达的内容,从而引发他们点击阅读的兴趣。调研数据也显示,清晰精练的内容比婉转冗长的消息在点击率和转发率上分别多出了 18% 和 29.8%。

◆ 确保你的链接有效

细节决定成败。当按照上述要求编写完 Tweet 后,商家最好在发布前再仔细检查一下正文与短链接是否分开(要在链接的 URL 前面加空格),以确保附上的链接能够顺利打开,从而使精心设计的 Tweet 真正发挥出引流价值。

7.2 品牌营销：跨境电商企业如何构建自主品牌

7.2.1 品牌对跨境电商企业带来哪些优势

如今，中国跨境电商行业的发展处于快速上升阶段，商务部参照近年来的发展趋势对其未来发展情况进行了推测，预计中国跨境电商的交易规模到 2016 年将达到 6.5 万亿元，在我国进出口交易中占据更加重要的地位。

虽然该领域呈快速发展趋势，但跨境电商在具体运营中还存在许多不完善的地方，比如，随着越来越多的中小企业加入跨境电商的队伍，该行业的内部竞争不断加剧；跨境电商企业围绕价格方面展开激烈的市场争夺，压缩了企业的利润空间，服务体系不完善的问题日渐突出。

之所以会出现上述问题，原因主要在于国内出口类企业虽然进行了改革，但主要集中于销售措施方面，经营主体没有根据市场需求优化企业的营销方式，难以突出自身的优势。为了改善这种局面，企业应该进行品牌建设与打造，在营销过程中着重体现自己的独特性，在激烈的竞争中保持优势的地位、科学的决策，从长远发展角度来考虑问题，完善自身的系统化建设。

◆ 自主品牌带来的价格优势

跨境电商企业通过品牌建设与推广，可以利用自身的品牌效应提高商品的出售价格，提高企业盈利能力，增强发展的持续性。具体而言，可通过如下三种方式来实现：

（1）通过电商平台的应用，跨境电商企业可以省去很多宣传活动所需的成本消耗，从而降低境外客户进货时的价格水平。

（2）具有品牌效应的商品，在销售过程中，会因价值含量的增加而提价，通常情况下，该类产品比普通同类商品的价格水平要超出三至四成，部分商品的价格要超出四至五成，能够获取更大的利润空间。

（3）电商平台在商品经营者与消费者之间搭建了桥梁，无需经过层层中间商，可以将中间环节的资金消耗节省下来，提高了跨境电商企业本身的营收额度，同时，使消费者以更低的价格买到企业的商品，形成流量积累。

而且，尤其值得关注的一点是，相比于没有自身独立品牌的企业或原始设备制造商，具备品牌效应的跨境电商能够获得更加长远的发展。

◆有利于跨境电商企业提高竞争力

跨境电商企业在进行自主品牌营销的过程中，应该注意哪些问题呢？

（1）提高消费者的让渡价值，增强用户的依赖性。所谓"让渡价值"，就是顾客在消费过程中，得到的全部价值高出其所有成本投入的部分。跨境电商通过自主品牌营销，能够节省部分成本，从而给予顾客更多的实际价值，增强顾客的认可度，使跨境电商企业提高竞争地位。

（2）通过电商平台经营某种特定商品的跨境电商企业不在少数，在丰富消费者选择的同时，也使其眼花缭乱，不知道该如何抉择。通常情况下，消费者对品牌产品的关注度及认可度要更高一些，企业便可以通过这种方式销售更多的商品，并在消费者群体中树立良好的形象，体现出品牌影响的竞争优势。

（3）采用自主品牌营销战略的跨境电商企业，能够将企业自身的文化内涵及价值理念融入产品销售中，同时为消费者提供高质量的服务，设

定合理的商品价格，激发消费者对企业品牌的情感认同。

（4）自主品牌营销能够使企业在长期发展过程中逐渐积累自身的优势力量，推动企业转型升级，扩大其经营规模。利用电商平台的专业化运作，跨境电商企业借助自身的品牌效应，能够逐渐拓展其业务范围，进行产品种类的延伸，并在其他城市或地区开设品牌形象展示店，待企业发展到一定规模，拥有了足够的实力条件后，就能从第三方电商平台中独立出来，利用品牌营销方式开展企业自身的平台建设与运营。

◆促使出口企业经营方式转型

在传统模式下，出口企业的产品信息、货物运输以及其他相关环节主要限于经营主体与消费者之间，如今，这些必经流程更多地向其他方向扩散，越来越多的出口企业开始涉及跨境电商领域，通过网络平台与最终消费者交流互动，深入把握消费者的内在需求，并不断提高企业的服务质量，企业经营方式随之发生改变。

跨境电商企业采用品牌营销战略，不必再局限于传统模式下的代工生产，能够建立企业自身独立的品牌，在经营传统外贸业务的同时，利用自身品牌的影响力，发展跨境电商经营。

7.2.2　跨境电商品牌化之路的制约因素

◆跨境电商企业缺乏品牌意识，驾驭品牌能力弱

从现阶段来分析，我国的跨境电商在市场竞争中依然靠规模优势，对企业品牌的重视程度较低。速卖通（阿里巴巴旗下）等是我国具有较高知名度的跨境电商平台，这类平台的运营固然推动了国内出口，不过，入驻其中的小规模电商企业因为缺乏自己的独特性，彼此之间展开激烈的争夺。

与此同时，海外市场的文化环境、消费者的行为特征等都与国内存在很大差别，而且，大部分跨境电商企业不擅长品牌营销，无法通过海外国家的媒体渠道进行自身推广。因此，相比于海外市场的经营主体，我国的跨境电商在销售规模与媒体结合程度上，都处于劣势地位。

即便在跨境电商企业中，也有几个影响力较大的品牌，比如采用 B2C 模式的 Tenvis，凭借技术优势获得成功的 Anker，还有外贸平台 Romwe 等，但纵观我国的跨境电商领域，这些企业仅占据其中极小的一部分。

◆ **跨境电商面临的种种痛点，阻碍了品牌营销**

如今，跨境电商在发展过程中还存在许多问题，给品牌营销的运作带来许多干扰，主要问题如下：

（1）近年来，跨境电商的发展十分迅猛，而与其密切相关的物流运输比较滞后，价格设定不合理、服务不完善的问题比较突出。如今，国际快递与航空小包裹是大部分跨境电商采用的物流方式，但国际快递的价位太高，使跨境电商的成本消耗大幅增加，而航空小包裹耗时太长，还不能及时获知包裹的运输情况。据悉，送往欧美的包裹需 7 到 21 天抵达，寄往俄罗斯或巴西，则需 30 天以上，有的超过两个半月，但 PayPal 支付方式超过两个月后就不受理投诉，给消费者造成困扰。

（2）中国的跨境电商无法与海外国家的支付体系连接，给消费者支付造成不便。虽然 PayPal 支付方式在很多跨境电商平台上得到应用，但这种付款方式与一些海外消费者的支付习惯不符，例如，欧洲与美国的消费者习惯用信用卡支付，俄罗斯的消费者会注册 Webmoney，另外，货到付款也比较为大部分用户所接受。

（3）除此之外，跨境电商在具体运营中面临税费缴纳、通关手续办理流程复杂、产品质量缺乏保障、售后服务体系不完善等各方面问题，不利于品牌营销的顺利开展。

◆ **多数跨境电商产品缺乏相关的第三方知名检测机构论证**

跨境电商产品因具有较高的性价比而受到众多用户的青睐，然而，众多商品都没有经过第三方权威检测机构的检验。在这种情况下，很容易出现以下问题：因为经营者提供的信息与消费者最终看到的商品之间通常存在差别，仅通过线上视频、文字、图片等呈现出来的内容，消费者无法完全认可跨境电商的商品；在具体运营中，商品可能在清关时面临很多问题，给跨境电商的品牌营销带来很多阻力。

面对诸多压力，跨境电商企业应该采取什么措施来改善当下的处境呢？可以邀请第三方权威检测机构对自己的产品进行检验，授予合格证明；也可以在第三方检测机构论证的同时，与政府部门达成合作关系，接受相关部门的管理，保证产品在供应过程中不会出现问题。

这些措施在一定程度上会提高跨境电商企业的运营成本，但立足长远来分析，既能提高消费者对自身产品的认可度，又能加速商品的通关，使产品迅速到达消费者手中。

7.2.3 跨境电商构建自主品牌的4大策略

◆ **打造好跨境电商服务团队，以提高品牌营销能力**

跨境电商企业要采用品牌营销战略，就要强化自身的品牌意识，建设并运营自己的服务团队。在团队建设过程中，注重成员专业技能及素质的提高，为平台运营、产品研发及改造升级、品牌推广、产品售后服务等环节提供保障。如今的大多数跨境电商团队，比较擅长平台运营、商品推广，但在发挥品牌效应、结合海外销售渠道、产品售后服务等环节的处理能力还有待提高。

所以,为了提高品牌营销的专业技能,电商团队可以尝试开设培训课程、举办业内交流活动,或者向境外电商学习相关经验。在品牌营销的过程中,应该结合自己的发展情况,在初期阶段获得海外市场的经营资格,采用实体运营方式,进行品牌打造与推广,同时加强线上的团队化运作。

等到跨境电商的线上运营具有一定的影响力后,将海外市场细分成不同的领域,与当地的电商企业联手经营,更好地符合海外消费者的需求。之后,便可采用分销策略,并逐渐扩大其实施范围,采用 B2B2C 模式代替原本的 B2C 模式。

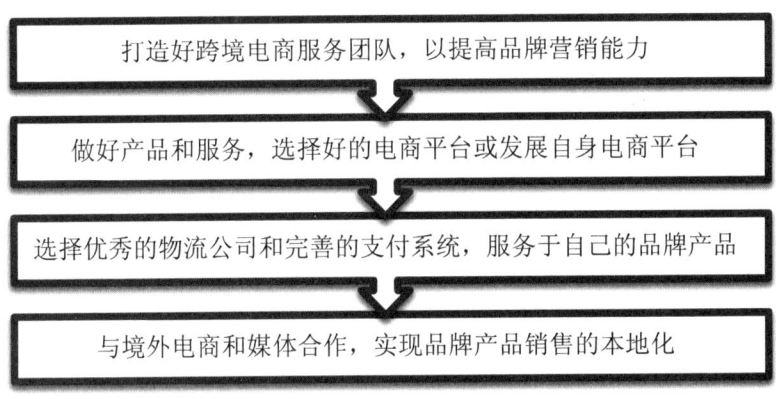

图:跨境电商构建自主品牌的 4 大策略

◆**做好产品和服务,选择好的电商平台或发展自身电商平台**

在跨境电商交易中,境外客户往往一次性购买的商品数量不多,但会选择多次消费,在收到商品后,会就商品的质量、客服的服务、收货时间等提出意见与建议,而客户的满意度能够影响到跨境电商企业未来的经营状况。相比之下,传统外贸企业的一次性交易规模大,但客户的收货时间要长一些,通常要在半个月以上。

从传统外贸行业过渡而来的跨境电商企业,受以往思维模式的限制,不容易在具体操作方面取得突破,无法对接境外顾客的需求。所以,跨境电商企业在产品营销过程中,要突破传统经营观念的局限性,根据境外顾客的需求,对自身的运营模式做出调整与改革。

跨境电商企业在运营中,还要面临平台选择的问题,当然,也可以独立建设自己的平台,在这个过程中,不能忽视如下问题:

(1)无论采用哪一种平台策略,首先都要考虑顾客的需求,利用产品营销提高企业品牌的影响力,在这方面做得比较好的是亚马逊,该平台将客户放在最核心的位置,将消费者的反馈信息呈现在平台上,对潜在消费者形成吸引。

(2)其次,不能忽视电商平台的专业化经营水平,要将产品依照类别区分开来。无论是选择第三方平台,还是独立展开平台运营,都要注重专业经营,不要将所有商品混淆在一起对外出售。

(3)在平台运营过程中,要根据市场需求对自己的产品进行类别划分,突出产品某一方面的特征。例如,某款运动鞋,在山区较多的国家与地区,应突出运动鞋适合攀登的特点;而在地形平坦的地区,突出运动鞋适合远足、耐磨耐穿的特点。

◆ **选择优秀的物流公司和完善的支付系统,服务于自己的品牌产品**

在物流公司的选择上,不仅要考虑跨境电商企业自身的产品特点,还要了解境外顾客的区域分布,保证商品能够在最短的时间内到达消费者手中。如果企业有足够的资金条件,应该与那些覆盖范围大、信誉有保障的物流公司合作,比如联邦快递等。

通过与实力型国际物流公司合作,可以让顾客在短时间内接收商品,增强顾客体验,从而对跨境电商企业本身产生信赖感。如果商品的总体规模较大,且顾客对时间要求不是很高,也可以通过国际海运来运输货物,以节省物流成本。

如果商品规模较小，顾客希望尽快收到货物，但采用国际快递会超出商品本身的价值含量，在这种情况下，不妨通过顺丰速运、东航产地直达，以及贝邮宝（北京邮政与 PayPal 合作开发的物流项目）等方式实现货物运输。除了能够缩短运输时间、节省物流成本外，还能随时了解商品的运输实况。

在支付环节，首先要确保顾客付款的安全性，在此基础上，为了方便消费者支付，应兼容信用卡、支付公司、银行支付等多种交易方式，使顾客可以从中选择符合自己习惯的支付方式。同时，扩大电子支付覆盖的货币种类，在这方面具有代表性的是国际汇款公司，它拥有世界最大的电子汇兑金融网络，超过 20 种货币可通过该公司的汇兑体系进行消费结算。

◆ **与境外电商和媒体合作，实现品牌产品销售的本地化**

跨境电商在物流环节消耗的时间较长，售后服务体系也不够完善，在与市场所在地的同类企业的争夺中处于劣势地位。

所以，跨境电商企业可联手境外电商，在其市场所在地设置物流中心与服务部门，当消费者下单时，便可将其订单信息发送给当地的物流中心，由工作人员进行处理，将相应产品由当地的存储中心发送到消费者手中，并为其提供售后服务，更好地满足消费者的需求，增强消费者的整体体验，改变跨境电商在竞争中所处的劣势地位。

传统外贸企业在经营跨境电商业务时，也可尝试联手原有的信誉度较高的境外客户，配合跨境销售在海外市场设置物流中心及服务机构，先采用传统外贸方式把商品送达市场所在地的物流中心，然后将商品信息发布到电商平台，由当地的服务人员负责产品物流。如此一来，企业既能够获得出口退税等多种政策的支持，又能简化跨境销售的操作流程。

联手境外社交媒体也是跨境电商企业可以采取的战略之一。这种合作发展方式的优点如下：

（1）利用社交媒体，展开针对品牌产品的交流互动，提高用户的参与度，扩大产品的覆盖面。

（2）以多元化渠道方式统计消费者对某种产品的实际体验，为跨境电商企业的商品调整与改革提供数据参考，在深入把握消费者需求的基础上，大幅提高产品销量，根据消费者的心理预期进行产品研发。

近年来，中国跨境电商取得了较大的发展，且呈持续上升趋势，西方发达国家以及部分快速成长中的发展中国家的跨境市场，都很看好我国的跨境电商领域，不仅如此，确实有一些中国跨境电商企业在海外市场获得了不错的发展成果。

其中具有代表性的是国内耳机品牌赛尔贝尔，该企业与敦煌网就外贸电商服务达成合作关系，并取得了理想的推广效果。另外，深圳卓普通讯设备有限公司旗下的"ZOPO 卓普"品牌在跨境电商平台运营了 13 个周，其销售范围就扩展到欧洲，美国的消费者也开始购买该品牌的终端产品。

这些跨境电商品牌的运营，能够突出企业自身的差异化特征，提高品牌影响力，使企业获得更加长远的发展。